学点用得上的管理常识

XUE DIAN
YONG DE SHANG DE
GUANLI
CHANGSHI

杨　硕／著

中国華僑出版社

前言

管理者常发问——

如何让员工听我的?

员工为什么总是拖拖拉拉，一件小事都办不好?

销售业绩总是提不上去，怎么办?

团队懒懒散散，用尽各种办法，怎么还是状态低迷?

身为领导，只能每天加班到深夜，为何找个可用之才这么难?

……

困扰管理者的从来都不是那些惊天动地的大事，恰恰是这些看似习以为常的小问题。管理难做，并不是因为管理者时运不济或是员工能力不足，而是因为缺失管理常识。管理常识不是经济课题，不是晦涩的大道理，它从管理日常出发，将管理的技能深入到每个环节。管理的本质其实就是日常，打好地基，才能屋檐高建；做好日常管理，才能保证团队在每一个工作环节都能有序且高效。这才是管理的终极目的。

许多管理者是努力的，每天忙到脚不沾地，但是其带领的团队却犹如一团散沙，完全无组织、无行动力。如此，管理者的价值何在？一个只会让自己忙到死的管理者，并不称职。也有的管理者每天忙于管理，但是组织的作用却并没有完全发挥，团队协作的绩效并没有比个人单干更高。那么，这样的管理工作其实就是毫无意义的瞎忙。

如何让管理有效、团队有力是每位管理者都在思考的课题。从制度、用人、激励、授权、沟通、效率、执行力，到管理者个人的影响力、协调力、威信力，从这些管理日常中总结有价值的管理常识，将理论变为常识，是成为卓有成效管理者的关键，也是本书着笔的重点。

从管理新人到卓越管理者，是管理常识的提升与灵活运用。本书屏蔽了那些管理的大道理，摒弃了那些令人听得耳朵生茧的“烂”道理，一切以“用得上”为宗旨，介绍管理工作中各个环节的常识与技巧，强调以往管理工作中的常识误区，是适合管理新人以及被低效管理困扰的管理人士的实用指南。

目录

Contents

第三章 管理人才课：如何辨别“人才”与“庸才”

第四章 管理用人课：没有“扶不起的阿斗”，只有站错位置的人

第五章 管理激励课：自动自发的助力

第六章　管理授权课：培养一群可以解决问题的人

第七章　管理心理课：发挥情感管理的软力量

第八章　管理沟通课：让双向交流无障碍

第九章　管理效率课：与其埋头苦干，不如抬头巧干

第十章　管理执行课：对团队绩效负责

第十三章 管理性格课：用好管理性格的双刃剑

第十四章 管理危机课：防患未然还是临渴掘井

第一章

管理榜样课：什么成就了威信力

榜样效应就是指领导以身作则，下属就会自觉追随。正如著名管理学家帕瑞克所说的，“除非你能管理‘自我’，否则你不能管理任何人或任何东西”。示范的力量是惊人的。管理者要想管好下属必须以身作则，事事为先、严格要求自己。一旦通过表率树立起在员工中的威望，员工将由服从职权转化为自愿追随。

1. 做管理就要有管理者的样子

做领导要讲形象。任何一个人都要以独特的形象立足于社会，领导尤其是这样。作为领导必须树立一个良好的形象，其要点有二：第一，要讲实“形”。做领导首先要有形，要像个领导的样子，但必须实在，切不可为塑造自己的所谓形象而故意让人捉摸不透，这是心里发虚、虚张声势而已。第二，要讲大“象”。“形”与“象”的区别在于，小象有形而大象无形。一个领导，如果做事实实在在，说话坦坦荡荡，做人无“架”无“势”，无形无状、平平常常，就能达到“大象无形”的境界。

如果领导能做到以上两点，不但得意不“妄”形，而且失意也不“妄”形，便不再是难为之事了。所以，领导人形象修炼的最高境界，在于知高大而止于平常。

培养超凡的魅力应首先从关注外表形象开始，外表形象是管理者首先必须关注的。一个人的外部形象如何，常常向人展示了他是谁，也显示了他的自我感觉如何。对于管理者来说，外表形象就是他给员工、给客户的第一印象，而第一印象往往能持久。比如，在行走中昂首挺胸、充满自信的管理者往往让他人乐于交往，而怯怯生生、缩头缩脑的管理者则让人鄙夷。那些衣着怪异、头发凌乱、长期不修剪指甲、领带污迹斑斑、衬衣下摆外露的管理者很难培养自己的魅力。有时衣着随便草率往往是管理者某种个性的体现，但是他人却会认为该管理者马虎大意，很难思维缜密。对于管理者来说，外表形象不仅是个人形象问题，而且事关企业整体形象。

管理者魅力更多的时候还表现在用一种非语言的交流方式。有一项研究表明，人的情感沟通能力只有 7% 通过语言所表现，37% 在于话中所强调的词，而有 56% 与身体语言有关。也就是说，管理者魅力的建立更多的时候不在于你怎么说，而是在于你怎么做和怎么表现你自己的想法。外表形象无疑是重要的一环。人们对管理者的第一印象一半以上受到管理者外在形象的影响。企业常常花费数百万元就是为它的产品寻找一个合适的包装，以此来吸引顾客的注意，对于管理者来说，管理者的形象就是管理者的包装。“任何一个做市场的人都会对你说，第一笔生意的成交 85% 受产品外观的影响，同一产品第二笔生意的成交 85% 受产品质量和内涵的影响。所以首先是包装，其次才是内在的东西。我们就像摆在货架上、装着麦片的包装盒，你得问问自己怎样才能让别人把你从货架上挑下来，而不是摆在你旁边的那些包装盒。”制胜之道公司的创始人苏珊·斯克里布纳博士曾经这样说道。

管理者应该培养一种让自己都感觉舒服的外在形象，通过这种外在形象来形成个人风格，这种风格能恰当地表达自己是管理者，而不是表达别人。管理者的个人风格与企业密切相关，它就是企业的象征。

外表形象的另一个重要方面就在于对肢体语言的控制。如果管理者的肢体语言缺乏自信，那么管理者的信誉和能力都将受到质疑。对于业务员来说，和客户初次接触时的肢体语言直接决定了交易能否达成。同样对于管理者来说，肢体语言所传达的信号很可能在几秒钟内决定管理者的成败。比如，坐立不安的管理者很明显是缺乏信心，谁愿意和缺乏信心的管理者合作呢？研究表明，当管理者不停地摆弄他的手脚，便意味着他想离开现场，这是一种心不在焉的信号。因此，对于管理者来说在任何时候都要带着“我能控制局面”的自信，让自己的表现放松。

眼神是培养管理者超凡魅力的重要方面。一个管理者的魅力在很大程度上是通过眼神表现出来的。富有魅力的管理者都知道如何控制自己的眼神，以便使自己看起来像是世界上最重要的人物一样。对于管理者来说，将注意力集中在谈话对象的身上是为了表示尊敬，同时向他表明你对话题很感兴趣，同时还是为了表现自信、正直和诚实。

如果管理者拒绝直视别人的眼睛，那么别人会感到那是一种不尊重。一个汇报工作的员工如果发现管理者根本就不看他的眼睛，那么他的心情是可想而知的！

美国公布了一份权威调查，显示了美国近20年来，政界和商界成功人士的平均智商仅在中等，而情商却很高。

实际上，管理者以什么样的心态去塑造自己的形象是至关重要的。外在形象是个人素养、品格个性的自然体现，一个内向寡言的人不可能永远扮演演说家的角色；同样，一个性格强硬的人也不可能总是温情脉脉。每一种形象都有其魅力，根据自己的特点树立公众形象，才能个性鲜明，具有感召力。如果过于做作、刻意、扭捏作态，会适得其反。

塑造个性不等于不修边幅。很多人将不修边幅当作张扬个性的手段，这种做法在艺术界没人见怪，但对企业家来说，在某些特定场合注重着装仪表却非常重要。由此可见，展示个性要注意区分场合。

2. 注意！有些管理行为是不受欢迎的

负面教训之所以让人印象深刻，是因为它们能真正触动你的内心。经理人有时会深陷到“老板”这个角色中，从而忽略了对下属的关注。约翰森曾当过教授，担任过一家广告公司的联合总裁及负责银行市场推广的高层管理人员。2006年初，他开始掌管人力资源服务公司Kelly Services。以下是他关于培养良好的管理行为的几条重要建议：

（1）绝对不要当众让员工出丑

约翰森曾为一位硅谷企业家担任顾问，这位企业家以能让合作伙伴盈利，也爱当面呵斥他们而“闻名”。在一次会议上，该企业家对一位才华横溢的经理人提出的方案大加攻击。“这是我这辈子听到的最愚蠢的想法”，“我对你失望透了”。那位经理人为此沮丧了数个小时，这使他原有的认为自己是管理精英的感觉从此之后彻底消失。目睹了这一经过及其所产生的后果后，约翰森学会了对别人的“弱点”要更小心地对待。

（2）闪电式的决策或许是错的

做老板的就应该行动迅速。约翰森回忆道，他以前在 Key Corp 的上司经常在一个小时内将一周要做的决定全部敲定。于是，当他在 1995 年加入 Kelly Services 时，也尽力效仿这种做法。当时，他迅速拒绝了合作伙伴提出的将业务多样化、开展招聘及派遣代课老师业务的建议。“我有六个充足的理由说明我们为什么不应该那样做，”他说，“我当时更关注的是那么做的风险。”后来他的下属们又曾五次提到这个建议，约翰森最后改变了当初的决定，Kelly Services 于 1999 年开办了这项业务。约翰森说，现在我们平均每天要派遣 3700 名代课老师，这已经成为我们增长最快的业务之一。事后他总结道，一位怀有良好初衷的老板仍有可能掉入“认为自己无所不知的陷阱”，因而草率地做出决定。

（3）不要设定不可行的期限

约翰森曾在 Sun 电子计算机公司担任高层管理人员，当时他曾对一位将“最后期限”看得高于一切的上司感到十分沮丧。他说：“人们很难分清什么是重要的事。”但是，当约翰森自己担任经理之后，他也犯了类似的错误。他曾经为了满足一个新产品的发货期要求而不断对一个团队施加压力，以至于他们不再寻找这个新产品存在的缺陷。面对巨大的时间压力，“所有人都只说你想听到的话。”他评论道，“我当时没有意识到问题有多大。”后来他想打消团队成员的疑虑，并表示他想听到真实的情况，“但是我花费了数年时间才重新获得他们的信任。”他说。

（4）尽量避免占用下属的私人时间

在约翰森职业生涯的早期，他的一位很有才能、雄心勃勃的老板每周日下午都要举行三个小时的员工会议，只是为了显示他比公司内部的竞争对手更加强硬。约翰森说，这种做法只会让员工都感到不快。现在，约翰森在工作时间外打扰员工之前都要问自己，这样做是否有必要。“如果大家知道你努力尊重他们的私人空间，他们会在正常的工作时间内更加努力地工作”。

（5）要记住“看法”就是现实

当约翰森还是一名销售代表时，他的负责人将最好的销售区域给了一位大家都认为表现并不好的销售员，这位销售员靠讨好老板而获得了超过其他人的业绩。约翰森说：“因为这个，我尽快换了工作。”约翰森成为 Kelly Services 的首席执行官之后，一位员工对他抱怨说：“大家都认为某某是你最喜欢的。”他感到十分惊讶。约翰森认为自己并没有根据个人喜好来决策，但是他意识到，他必须更加注意自己对待每个人的方式以及所营造出来的工作氛围。他承认，即使是很好的老板也很难站在别人的角度来考虑问题。

在实际的管理中要注意的不仅仅是以上这些。伟大的管理学家凯茨·德里弗斯曾经归纳了 15 种比较典型的愚蠢行为，现在我们一一来体会一下。

（1）天生喜欢引人侧目

这种人为了某种理想奋斗不懈，在稳定的社会或企业中，他们总是很快表明立场，觉得妥协就是屈辱，如果没有人注意他们，他们会变本加厉，直到有人注意为止。

（2）专横跋扈

对下属实行专制，是导致行政行为失败的重要原因。龙向阳是一个对下属专制的银行行长。银行里什么事情他都要管，有些是已在行长会议上决定了的，但一到全体员工大会上，他说变就变了。在外面喝酒时，有人说了一句他管不住职员 A。回单位后，他马上免去职员 A 的职务，把他派到了保卫科。这种事几次下来，整个企业变得死气沉沉。

（3）事无巨细，一概管到底

这种管理者在家族企业中比较多见，什么事情都要亲力亲为，都要管理到位。这种管理方法在企业的开创阶段虽行之有效，但是到了一定的规模就不行了。这也是很多企业在初期发展快，但是到了一定程度就上不去的主要原因。当组织只有十来个员工时，一个老板是可以面面俱到的，但是到了 100 人、1000 人呢？产值到了 1000 万元、5000 万元、1 亿元呢？这时单纯的事无巨细式的管理肯定没有效果，甚至是有害的。

（4）躁狂管理

明显的特征是努力工作，而不是聪明地工作。管理者精力旺盛，热情高昂，但并不十分清楚自己在做什么，成效如何。他们只关注组织内的事情，不看窗户外面的世界。前几天一个电脑维护人员告诉我，某电脑企业难以为继，原因是注重价格低廉，却不注重产品质量的提高。只热衷于低价位的产品，保证质量就成了问题，企业最后会走向衰败，这是不可避免的。

（5）轻视下属

明显的特征是自认为高人一等，自以为是，不把下属放在眼里，不知道下级的重要性和价值，不尊重下级，不给下级面子，这种高不可攀的领导就是我们通常所说的高高在上的意思。特点是与下级隔绝，下级要找到他们很困难，更不用说面对面研究工作了，这样的结果是很危险的。

（6）压制下级

这种领导行为表现在领导只关心自己，不管别人。他们竭力阻止下级闪光、出成绩，把下级的成绩揽到自己的名下。我曾经就遇到过这样的领导，所以我干脆采取消极的方式应付了事。这些人是不惜踩着别人的肩膀向上爬的，为了达到自己的目的，在上司面前说自己下级的坏话也是很普遍的。

（7）拒绝沟通

特点是不愿意或很少与下级交流和沟通，因此难以从下级那里获得信息及好的工作建议。对同事不信任，就会产生不安感。一个人在这样的组织里工作，是得不到任何好处的，最好的办法是赶快离开。记住：当你发现骑着的是一匹死马的时候，最好的办法是赶紧下马。

（8）被困难绳捆索绑

这种人总是觉得自己决策有不妥的地方。我做的决策到底对不对？他们总是这样怀疑。他们是典型的悲观论者，喜欢杞人忧天。采取行动之前，他会想象一切负面的结果。这种人担任主管，会遇事拖延，按兵不动。因为太在意羞愧感，甚至担心部属会出状况，让他难堪。这种人必须训练自己，在考虑任何事情时，必须控制心中的恐惧，让自己变得更有行动力。

（9）不懂装懂

工作中那种不懂装懂的人喜欢说："这些工作真无聊"，但他们内心的真正感觉是："我做不好任何工作"。他们希望年纪轻轻就功成名就，但又不喜欢学习、求助或征询意见，因为他们怕被人说不能胜任工作，所以只好不懂装懂。而且，他们要求完美却又严重拖延，导致工作严重瘫痪。

（10）管不住嘴巴

有的管理者往往不知道什么话题可以公开交谈，什么内容只能私下说。这些人通常都是好人，没有心机，但在讲究组织层级的企业，这种管不住嘴巴的人只会断送事业生涯。

（11）疏于换位思考

这种人完全不了解人性，很难了解恐惧、爱、愤怒、贪婪及怜悯等情绪。他们在通电话时，通常连招呼都不打，直接切入正题，缺乏将心比心的能力，他们想把情绪因素排除在决策过程之外。这种人必须为自己做一次情绪调查，了解自己对哪些感觉较敏感；询问朋友或同事，是否发现自己忽略别人的感受；搜集自己行为模式的实际案例，重新演练整个情境，改变行为模式。

（12）逃避矛盾

这种领导最大的特点是遇到矛盾绕着弯走，做老好先生。就像《三国演义》里的司马徽一样，总是说好话，不管别人说什么，都是回答："好！"有一次，别人告诉他一个噩耗，说某某的妻子死了，他听了之后，说："好！好！"有些领导就是这样，对任何事情都做好好先生，不发表自己的看法。他想对每一个人都好，总想取悦于每一个人，对一切都采取妥协的办法，最后这样的组织肯定是要出问题的。如果是企业当然会垮掉，如果是行政机构，必然干不成任何创新性的事情。大家的积极性也会受到打击，整个单位无精打采，表面上一团和气，实际是支离破碎。

（13）非黑即白看世界

这种人眼中的世界非黑即白。他们相信，一切事物都应该有标准答案。他们总是觉得自己在捍卫信念、坚持原则，其实，这些原则在别人眼里可能完全不以为意。结果，这种人总是孤军奋战，常打败仗。

（14）无止境地追求卓越

这种人要求自己是英雄，也严格要求别人达到他们的水准。在工作上，他们要求自己与部属更多、更快、更好，结果部属被拖得精疲力竭，离职率节节高升，造成企业的负担。

（15）强行压制反对者

他们言行强硬，毫不留情，因为横冲直撞，不懂得绕道的技巧，结果可能伤害到自己的事业。

3. 让员工的服从不仅仅因为你的职权

一家中外合资服装公司的老板聘请了一位厂长，该厂长自称做过二十多年的服装管理，制衣技术一流，很得老板的赏识，工厂的大小事均交给他打理。但他有一个缺点，就是独断专横，欺上瞒下。管理人员对生产工艺或管理方法上提出意见，他动不动就说："我做了二十多年制衣，以前我就是这样做的，听我的，没错。"老板交代的事，他从来不加思考："没问题，你放心！"出了问题一味隐瞒，老板前身走，他转身就对下属秋后算账，打击报复，并进行威胁与恐吓。

如果你的工作伙伴对你失去了信心，那么他们为你付出的不再是忠诚，而是对抗。你也许可以利用老板赋予你的权力进行压制、打击和报复，但古话说得好，天下人你杀得完吗？当一个个伙伴舍你而去时，被抛弃的不是别人，而是你自己。

孙子曾说："将者，智、信、仁、勇、严也。"按现代企业对高级人才应具备的素质要求，孙子的话可以这么理解：智——过人的智慧，及时做出正确判断，适时做出合理的决策。信——言出必行，以建立威信，同时要信赖部属，即"用人不疑，疑人不用"，进而获得部属的信赖。仁——有仁德，要爱护和关心部属。勇——有道德和做事的勇气，能下决断，并有魄力地执行任务，不畏闲言与威胁利诱。严——严守规矩，尊重制度，赏善罚恶。

主管的威信建立在做人的涵养和做事的态度基础上，而下属的忠诚就来源于下属对你的信赖，二者相辅相成。能否有效地实行管理，不仅取决于管理者的行为方式，还取决于许多其他因素。

管理者应该注意的是下属对管理者的行为做出反应，在很大程度上并非根据客观事实，而是根据他们主观上感觉到的“事实”并且受到他们自身的性格、背景、文化、经历、期望等因素的影响。而且一般员工都喜欢主管的行为与其个性一致，即表现出真实、本色的一面。

出色的管理者应注意员工的真实感受和主观体验。也就是说，本质上是一个什么样的管理者对于出色的管理者来说并不是很重要，重要的是能够让自己的下属认为他是一个出色的管理者。如果下属的亲身经历使他们感觉到上级是支持和重视他们的，让他们感觉到每个人对公司来说都是具有重要价值的，那么员工就可能对上级做出积极的反应。反之，如果他们感觉受到上级的歧视，特别是他们觉得在组织中没有得到个人尊严和个人价值，那么就会对上级持消极态度。

经过研究，不难发现出色的管理者在与下属打交道时，都具备一些相同的行为特点，这些特点包括：

真正关心下属，细致周到，态度友好，随时准备提供支持和帮助，既为公司谋利，也为员工谋利；

完全信任员工的能力、干劲和诚实（至少在员工眼里应该是如此）；

对下属的期望很高（这表现了管理者一种支持的态度）；

支持、帮助和教育下属，以使他们不断得到提高和发展；

当下属遇到困难和不能胜任的工作时，尽力提供帮助或重新安排职位。

为了使管理的效率更高，出色的管理者还应该保证组织内部具有畅通的信息交流渠道。建立交流渠道是一个组织顺利运转的基本条件，也是管理者成功的重要因素。如果没有这种渠道，上下级之间的支持和合作是不可能持久的。如果这种系统运转不灵，前后矛盾，错误百出，使组织内部成员无所适从，那用不了多久，对组织最忠诚的人也会挂冠而去。

组织内的信息交流涉及很多方面，是一个非常复杂的过程。其基本要素可以归纳为：信息的发送、传递和表达；信息的接收和理解；信息接收者的判断。

在很多情况下，传递出来的信息不一定会被接收到，接收到的信息也不一定会被理解和接受。所谓信息交流包括上情下达和下情上达。传统的管理方法只重视自上而下命令式的单向信息沟通，不重视双向的沟通。管理者最多在组织内设置几个“意见箱”，或宣布实行“开门政策”而已（即允许下属不经过约定随时可以求见上级，上级办公室的门总是向下属敞开）。这些措施是远远不够的。信息交流渠道畅通的关键在于让下属感到满意。下属的态度对信息交流过程有决定性的影响。如果下属觉得管理者不合理地施加压力，强迫他们完成任务，便会不自觉地制造信息流通的障碍。特别是故意不让上级了解真实情况、封锁消息、切断上情下达的通道；同时，有了改进工作的好主意也不报告，只对上级发牢骚。此外，敌意、畏惧、不信任等态度也会阻碍信息的正常流通，或者在流通过程中造成严重扭曲、失真。

因此，为了建立和维护信息交流渠道，确保组织的正常运转和发展，管理者应该端正认识和采取行动，做到既重视沟通，又善于沟通。

4.
不要将情绪化的一面示众

一个管理者特别要学会控制住自己的情绪，做到凡事处之泰然。有的管理者由于性格原因，个人情绪表露得非常明显，早上上班前跟老婆吵个架，跟老公斗个嘴，全公司的人都会知道，因为大家一眼就能看出来，这样是要不得的。

唐朝的时候，唐太宗李世民听到魏徵进谏后总会出去散散步，就是因为察觉到了自己即将失控的情绪，通过散步努力使自己做到“处之泰然”，不至于因一时的怒火而错杀魏徵。

对员工个人来说，能力不好不一定不会成功，但是情绪管理不好一定不会成功。当管理者把情绪毫无保留地发泄在下属身上时，这种不正确的情绪处理方式就会破坏和谐的上下级关系，并且员工会通过工作过程，将这种不良情绪传递到客户或其他同事身上。

优秀的管理者要有比普通员工更高的情绪管理能力。如果一个管理者动不动就发脾气，那么他就会丧失威信，下属也不愿意追随他。

一位著名企业家曾说过：“我相信，有不少的管理者都曾经因为心情烦躁而把自己的下属当作‘出气筒’，发过莫名的火。有的下属因此当场就和我们吵起来，有的下属因此哭泣，有的下属因此无所适从，有的下属因此不求有功但求无过，有的下属因此怨恨与背离我们，有的下属因此忍受不了我们而离职。”

心平气和之时，我们也难免会因为自己不够冷静、成熟与理智的行为而懊恼和后悔。如何才能让自己少犯这种错误呢？

是人都会有几分脾气。当然，我们确实可以将这个问题归咎于脾气和报复心；还可以归咎于压力过大、精神紧张；甚至也可以归咎于自己不好过，别人也别想好过的不佳心态。

但要提醒大家注意的是：一些人与另外一些人、一些事与另外一些事，看似在不同的平行线上运行，但他（它）们却极可能因为一个“导体”而形成交叉运作。更为糟糕的是，在工作当中，上司、其他部门的同事甚至是客户，与自己的同事及下属，通常都有着以下三种方式运行的特征：一种是平行，一种是交叉，另外一种则是在一条线上直线运行。

可是，谁又是其中的“导体”呢？就是产生这些情绪的我们自己！

在家里和妻子吵了一架，在路上和另外一辆车发生了一点摩擦，在客户那里受到了刁难和委屈，都可能让自己“带电”，成为引发矛盾的导火索。

“带电”并不可怕，麻烦的是自己是个导体，自己身边的人也并非“绝缘体”，一旦遇上，就难免会电光火石地发生“电击”事件。以前运行良好的几条“电线”，现在却因为自己而乱麻麻地纠缠在了一起，自然会大大地影响到“电路”的运作，对管理绩效产生极大的负面影响。

现在，我们需要考虑的是，如何让自己由“导体”变为“绝缘体”。

金森是某家具公司的副总，尽管时而会对下属发点脾气，但他并非一个脾气暴躁的管理者。不过，几个月前的某一天他乱发了一次脾气，至今都深为懊悔，并引以为戒。

那天一大早，金森就因为要多给身在老家的父母一点过节费，和老婆吵了一架，心情很差。摔门而出后，一路上总觉得什么都不顺眼。

带着满腔怨气，他来到了办公室。看见工程部的王经理正和下属们聚在一起有说有笑，金森的脾气因此一触而发。

“王东，公司是请你来做事，还是请你来讲笑话的？”平常都叫“王经理”，现在却直呼其名，语气严厉。

“老大，我是在安排今天的工作。”王东委屈地辩解。其他下属们也一起用不明就里的眼光看着金森，都觉得今天的他简直就是莫名其妙。

“老大？什么老大？你以为这里是黑社会啊？”金森对着王东越吼越凶。

自己在外面累死累活地开展业务、联系客户，在公司还要受这样的怨气。王东最后实在受不了了，就和金森争吵了起来。

结果王东一气之下辞了职，带走几个工程大户投奔到了对手公司的旗下，处处与金森的公司竞争。

或许，我们当中的不少管理者都遇到过与金森类似的情况。我们之后反省过自己吗？又采取过怎样的改变措施呢？

金森在改变。为了少让自己“带电”作业，避免恶化管理环境与管理绩效，他尝试着给自己定下了几条规矩，收效还不错。

（1）时时告诫自己，工作之外的人和事所带来的坏情绪只能存在于办公室的大门之外。

一旦心里面憋满了气，到办公室门口时，他就会尝试着来次深呼吸，告诉自己：现在是工作的时间，那些该死的事到此为止。

（2）提醒自己，下属不是招进来骂的，是请进来为自己工作，愉快地合作的，况且还有比发脾气更能解决问题的办法。

所以，即使被自己的老大、被一帮股东批得鬼火直冒，即使在客户那里刚刚发生过激烈的争吵，自己也尽量不要铁青着脸，见着下属就吼。

还是担心会失控，怎么办？那就冲进洗手间，用冷水洗把脸。受到冷的刺激，更利于使自己冷静下来。

（3）即使是自己的下属有错，实在忍不住发脾气了，也要区分责任主体，不要让无辜者受到牵连。

执行制度、赏罚分明、恩威并济，是乱发脾气的最好替代品。

（4）向某些人敞开自己，寻求倾听和建议。这些人可以是自己的好朋友及亲人，可以是敬重的前辈、老师或者专家，甚至还可以是自己在公司非常重视及能够让自己听进建议的人，又或者是某些电台节目的主持人。

不论是出于树威信的目的，还是习惯于将责任推给自己的部下，管理者乱发脾气只会伤害越来越多的人、伤害更多的心。长此以往，你甚至会不自觉地将发脾气当作自己的管理风格！但在下属们逐渐形成“抗体”之后，为了更奏效，你的火可能就需要越发越大。这里有几条实用的“灭火建议”，可以参考使用：

（1）找到发泄的其他途径

可以去游泳、踢球、泡桑拿、进按摩房，也可以去郊游，感受大自然宽厚的胸怀，甚至还可以在办公室放上一个发泄抱枕，有气的时候，朝它挥两拳。

（2）办公室的环境再好，也要尝试去办公室外走走

办公室可以是实现抱负的无限空间，但精神紧张、情绪易动时，它也可能成为禁锢思想、积淀情绪、钻牛角尖的糟糕地方。心情烦躁时，我们

可以尝试到办公室外走走，慢跑快走、喝杯冷饮，再或者是对着绿化树、望着街上行人发发呆，都可能对即将控制不住的情绪起到一定的舒缓作用。

（3）别让自己游离于组织之外

任何在办公室乱发脾气的管理者，在情绪失控时，都把自己置身于自己的组织之外了。之所以这样讲，主要的原因就在于：一个组织不是靠发脾气来管理和运行的，乱发脾气只会对一个组织有害。

5.
管理者不能将压力传染给被管理者

在企业的经营管理中，面对压力时“管好嘴巴”非常必要。原因在于，压力会传染，把自己的压力传染给别人，其危害是非常大的，往往导致人人自危。

企业的各级管理者，尤其是中高级管理者，感受到压力之后，往往不自觉地把自己内心的压力传染给被管理者，使他们也感染上压力。当被管理者成为压力“携带”者，他们又会以诸多的“管理难题”形式把压力再返回到管理层或者管理者。如此一来二去，管理者与被管理者之间的压力互动相互传染，越来越强化压力的程度，越来越使压力原因复杂化。批评、责怪、训斥、怒骂、抱怨、讥讽、挖苦、报复、转嫁责任成为压力在管理过程中传染的基本形式。形形色色的“言说”，是管理者与被管理者进行压力互动的常见方式。

言为心表，“言说”是心理和情绪在嘴巴上的反映。管理者的压力，会变成压力性的“言说”在管理活动中传染给被管理者。权力或者影响力越大，他们传染压力的面积和深度就越大和越深，而且占据着传染压力的主导位置。

对于被管理者来说，在工作中感到压力时，管理者的“言说”自然就成了他们认为的压力源。谁愿意感受压力呢？压力是一种不安全、不舒服的感觉。而且对于来自管理者的压力，被管理者本能有一种抵抗的冲动。抵抗，是他们面对压力进行自我保护的内心愿望。抵抗的方式有很多，像推卸责任、阳奉阴违、跳槽、弄虚作假、消极怠工、假公济私、斤斤计较、你争我夺等都是被管理者抵抗的表现形式。对于被管理者的抵抗，管理者同样会感到一种管理压力，于是继续施加或者增加压力。在管理者与被管理者的压力对抗中，往往形成恶性循环，管理者与被管理者的时间、精力、机会、激情都被内耗掉，常常造成两败俱伤。

很少有管理者意识到，被管理者种种破坏工作的行为，其实正是他们对来自管理者压力的抵抗。更让管理者难以意识到的是，管理者对自己的压力和压力传染是盲目的。他们认为，自己对被管理者的批评是有依据和理由的。自己之所以发脾气，是因为被管理者的工作错误，并且屡教不改。高要求，是为了促进被管理者的进步和成长；不信任，是因为被管理者的工作能力总是令人不放心；怀疑，也是因为被管理者不够忠诚。

是的，当人们遭遇压力时，总是容易“外怪”，也就是常说的“睡不着觉怪床歪”，即在自己以外的地方找压力源。事实上，压力源就在我们自己。打个比方，用手电筒照射镜子，反射回来的电光，恰恰是我们照射镜子的电光。同理，管理者感到的管理压力，恰恰是他们传染给被管理者压力的反抗。

所以，在管理过程中，管理者如果不能有效地“管理嘴巴”，其内心的压力就会不自觉地传染给管理者。那么，如何管好自己的嘴巴呢？

管理者最不该说的十句话：

（1）“不关我事”

身为管理者，只要是公司的事情，事无巨细，都有一份责任。即使是完全在职责之外，态度和蔼地给予一些指引，也能表现出自己的成熟大度和礼貌。工作中很多时候都是说者无心，听者有意，对下属说一句“不关我事”这样的话语很容易将自己的形象彻底颠覆，对同事说一句这样的话语会激发矛盾产生误解，对上司说一句这样的话语可能意味着你该调整岗位了。

（2）“为什么你们……”

在责问别人时，先想一想自己有没有什么过失，尽了多少力多少心。有时，宽容地对待别人的错误，会使人更加振作，更加进步。用一连串的“为什么”去发难于人，得到的也可能是一连串的“为什么”的答案。相反，反过来问：为什么我没有配合好你们？你们有什么地方需要我？也许事情会解决得更快一些。

（3）“上面怎样骂我，我就怎样骂你们”

作为管理者，起的是一个上传下达的桥梁作用，但绝不是一个简单的传递。对上，要忠诚尽责，完成任务；对下，要想方设法，给予激励帮助支持。敢于承受来自上面的压力，担负起责任，敢于缓和下级的紧张，创造和谐的工作环境，才是一个管理者最应该做的事情。

（4）“我也没办法”

管理者的能力，从某些方面来说，是用解决问题的能力来衡量的。只会强调客观原因，不会以积极的心态去调动一切可用的资源，显露出来的肯定是无可奈何和对上级以及下属的打击。要相信办法总是比困难多，相信集体的智慧是可以攻克一切堡垒的。

（5）“我说不行就不行”

以自我为中心的话语，与事实不相关的解释，难以说服人。凡事不能以事实为依据，不能本着商讨的态度来解决，可能会使事态更进一步恶化。其实即使是错的意见，听听也无妨，应该本着有则改之，无则加勉的心态来对待自己和别人。片面地做出判断，有时就是一种武断，一定要有科学的分析和依据，这样才能降低判断结果错误的风险，保证判断的正确性。

（6）“你说怎样就怎样”

听起来像是气话，又像是不负责任的话。在产生一些争议时，当一些意见没有被采纳时，这样的话脱口而出，听者会认为，你只是在说气话，本来还有可接受的地方，反而会变得全盘否认，而且从此将可能不再向你征询看法和建议了。因此，保持冷静的头脑和清晰的思维，说出所有的思想，提供参考，不因未被采纳而太过激动，是一个管理者良好的品质和性格。

（7）“我随时可以怎样”

强权气势的话语，让人听到会有一种很不舒服的感觉，换句话来说，你以为你是谁？你想怎样就怎样，你到底有多大的能耐？以势压人，只会贬损个人的形象，在大家心中埋下抱怨的种子，这种抱怨一旦暴发，其弹力之大是不可想象的。所以保持平易近人，对他人多些尊重，是维护自己尊严的体现。

（8）“你真的很笨”

奚落、讽刺、挖苦员工的话语会伤害员工的自尊及感情，“哀莫大于心死”，表面上员工是在听你的，按你说的去做，但实际上他可能只是在敷衍了事，因为他根本体会不到工作的乐趣，工作质量肯定不高。同时，因为奚落、讽刺、挖苦伤害了员工的心灵，长此以往，员工的自尊被摧毁，自信被打击，智慧被扼杀，工作不可能干得好，最后只能抱着“但求无过”的态度去应付工作，这样对员工、对管理者、对企业都是不利的。

（9）“不行啦，我能力有限，谁行谁来做”

如果能真正认识到自己的能力有限，迎头赶上，自我充电，或许可以说是一种有自知之明而且有上进心的表现，也算是一大幸事。但如果是用这句话为借口来抵触工作，来嘲笑挖苦他人，来掩饰自己内心的慌张，全无挑战工作的意识，则可以说，这样的管理者已无形中丧失了一个管理人最基本的素养，他已不配再做管理者了。

（10）“都很好”、“蛮不错”

泛泛的表扬，既缺乏诚意又不能振奋整体、激励个体，因为人皆不喜欢廉价的、言不由衷的恭维，因此表扬的言语策略应该是及时、有代表性、有充实具体的内容，能够体现被表扬者风貌的语言。不实的表扬表现在用夸大的言辞去称赞不足为奇的小事，有用心炮制的嫌疑，该类表扬其危害在于只令被表扬者高兴，而令其他人反感。极力吹捧的行为，其结果往往导致民心的背离，因此人才管理中，及时且适度的赞美是领导者必须掌握的一门学问。

做领导要善言辞，说话要三思，不该说的则不说。说话要周到、周全、周密。不说先做到为最优，说到做到为次优，说到做不到要力戒。沉默是金，学会说不。言多必失，说话不在多，而在恰到好处。

领导言辞修炼的关键要能把握好“乐言”与“谨言”的关系：面对特定的时间、地点、对象，要多说而乐于说话；面对另一特定的时间、地点、对象，要少说而善于说话。“谨言”就是要言辞周全，一言九鼎；“乐言”就是要知无不言，言无不尽，广开言路，言论无罪过，但不胡说。

所以，领导人言辞修炼的最高境界，在于知乐言而止于谨言。

6.
把握公与私的界限

作为管理者要合理把握公与私的界限，不可把过多的私人关系卷入办公室。管理者一些重要的私人关系不宜向员工、同事透露。如果管理者的亲人、朋友过多地出入办公室，也会造成公司高层人物对你的不信任。

管理者的家庭住址最好与公司地址距离较远。虽然每天上班需要来回坐车，但却可以有效地把公事、私事区分开来。管理者在与自己的亲戚朋友之间私人往来时，留给他们的个人地址应该是家庭住址，而不是办公室。留给他们的电话号码也应是家中的而不是办公室的。这样亲朋好友在找你时，可直接找到家中而不是办公室。

管理者还应管好自己的私人用品。个人物件最好不要带到办公室里。带到办公室里的必需品比如一些药品、私人信件、书籍等，也要注意保管好。

管理者的一些私人活动也以远离公司为妙。比如吃饭、洗浴、美容等个人活动，以远离公司为妙，以免与公司熟人发生“撞车”的可能。

以上所述，并非要求管理者与员工在下班后不接触，只不过是说，社会是复杂的，管理者要保护自己的隐私，维护自己的外在形象。

管理者在办公室里自然要与员工打交道，在办公室之外当然还要与员工、同事或上一层领导有所往来。虽然这时的交往气氛往往比较轻松，不同于办公室的严肃庄重，但管理者在这时的人际交往更需富有技巧性，既与员工、同事接近，打成一片，又不要随随便便，让人把自己一览无余，否则，你就没有权威可言了。

管理者与员工、同事聚会，大家都难免要同坐在一起吃吃喝喝。这时，领导幽默活泼一点，活跃一下气氛是必要的，但更应注意遵循一些必要的礼仪。又活泼，又守礼，才能使场面又热闹，又有序，使活动获得圆满成功。这样既可大大加强管理者与他人之间的联系，更能提升自己在众人心目中的形象地位。

与身边的人打好交道，不等于说与他们过于亲密。与员工保持适度距离，不但重要，而且必要。

每个人周围都有一种无形的界限，你不可逾越。这是一种私人生活的界线，一种内部思想和感情的界线，他们不愿向其他人透露，尤其是在工作中相互合作的人。作为管理者，你不适合成为他们最信任和最亲密的朋友，否则，你将会冒一种很大的风险；作为管理者，你决不应该将自己与员工的关系延伸到过于亲密的关系之中，你必须分清其中的界限，而不能跨越一步，否则会带来一种灾难性的后果，到那时你会突然发现自己与下属之间的界限已经消失，双方似乎都陷入一种情感的困扰之中。

第二章

管理制度课：
从“人管人”到“制度管人”

制度的健全与践行程度决定了组织的秩序与团队成员的忠诚度、满意度，作为管理者，如何让制度有效地辅助组织秩序是其必定要思考的问题。制度为管理提供了更加公正的平台，用制度管人，还是人管人，决定权在于管理者，而心生不满还是忠诚追随，决定权则在于员工。

1.

为什么企业需要科学合理的制度

著名管理咨询专家刘光起先生说:“管理就是管出道理，道理就是规则规范。”任何一家企业都需要规章制度，一个具有大局意识的领导要善于用制度去管理下属。

不少领导者都抱怨员工不好管，自己的决策很难执行下去，不是这里出现问题就是那里出现问题。其实，究其原因，主要还是因为没有科学合理的规章制度。举例来说，人们之所以要工作，是因为可以获得利益。如果企业的员工拼命地工作，但是却没有得到该得到的报酬，那么许多员工就会失去积极性。要想避免此类情况出现，就需要有一套合情合理的规章制度。可以说，建立合情合理的制度是维持企业稳定发展的关键。

俗话说“有人的地方就有江湖”，同样地，有组织的地方必须要有制度，而且制度必须合理，否则组织就很难发展壮大。一个缺少制度和规范的公司就如同一个缺乏法制的国家，早晚会陷入混乱不堪的境地。

然而，现实中还有很多企业在制度及其相关管理上做得很不到位，甚至漠视、轻视规章制度的制定，认为可有可无，或者可执行可不执行。实际上，这不仅是企业管理水平低下的表现，更是管理者管理意识淡薄、管理能力低下的表现。

张良最近很苦恼，因为上个月他的公司大部分骨干纷纷辞职不干了，这让公司一下子陷入了困境。他很纳闷，这些骨干都是为公司立下汗马功劳的，甚至有不少人从公司注册的那一天，就开始跟着自己一起创业了。他们究竟为什么非得辞职呢？

带着心里的诸多疑问，张良开始私底下打听这些骨干辞职的原因。最终，张良发现，他们既非为外界高额利益诱惑跳槽到其他企业另谋高就，也没有另起炉灶与自己分庭抗礼。

此时，张良更疑惑了。后来，他找了一位骨干的好朋友，与其深入交谈才知道，原来是自己的奖罚出了问题，没有做到赏罚分明。刚创业的时候，条件艰苦，困难重重，大家齐心协力，一起艰苦奋斗，谁都没觉得有什么不公平。后来产品研制成功，经营有了起色，能赚多少就拿多少报酬，也没人心生怨言。等到公司真正发展壮大了，问题就出现了。因为有些技术骨干为了公司的核心项目不分昼夜地努力工作，攻克了一道又一道难关，为企业的技术创新、产品开发付出了巨大的心血，但得到的报酬却与普通员工差别不大。

这是由于公司没有统一的考核标准，无章可循，无法可依导致的。在这种局面下，很多技术骨干觉得付出与收入不符，认为没有享受到自己努力推动企业快速发展带来的成果。长此以往，他们的心里便感到越来越不平衡，最后选择了一起离开。

制度不合理，下属们的利益就无法协调，也就无法发挥出下属们对工作的积极性，甚至还会导致他们故意跟领导唱反调。由此说来，企业的领导者一定要给企业建立一套合理的制度。

关于这一点，万科的前总裁王石很赞同，他曾经说过这样一句话：“我们从不培养接班人。万科培养的是团队，建设的是制度。如果接班人不能胜任的话，但有制度做保障，纠错换人还是很容易的。”由此可见，一个合理的规章制度非常重要。企业要想规范管理，高效运作，就必须制定既完善又可持续优化的管理制度。这样一来，企业才能够持续发展。

制定出科学合理的规章制度，其实就是大局观的体现。那么，如何才能制定出科学合理的规章制度呢？

（1）要合情

不能看到别的公司那一套制度很不错，就直接拿来用。这样很可能会造成管理上的不和谐。很多中国的企业都在学习一些外国优秀企业的制度，也有不少的企业直接使用他们的制度，但却总会发现各种各样的问题。其实，主要原因就是不合情，之所以这样，是因为人家的那套制度是建立在自己公司文化的基础之上，你没有那样的企业文化，是很难做到和谐管理的。

（2）要合理

制度合理，主要体现在让公司里的所有人甚至包括公司的客户都觉得比较公平。也就是说，我们在制定制度的时候，要考虑到公司、社会、客户等诸多方面的利益要求，尽量做到平衡。我们必须尽量让公司各部门和层级之间不要因为利益而产生矛盾。在很多企业中，一线技术人员和后勤支持人员之间的矛盾很深，特别是在薪酬和职业发展道路方面，主要原因就是一线技术人员往往认为公司的制度不合理，他们付出得太多，但得到的利益太少；而后勤支持人员却认为他们和一线技术人员之间在薪酬等方面的差距太大，很不公平。

（3）要合法

公司制定的制度必须符合国家的法律法规，这是最基本的要求。特别是一些财务规定和人力资源方面的管理，不能单纯从公司利益出发，还要考虑到社会要求和员工的利益，否则最终吃亏的还是公司自己。

（4）领导们在制定制度的时候，一定要以公司的章程为要求，以公司的利益为最高要求，而绝不能仅仅以部门甚至个人利益为出发点。

（5）公司制定的制度不能与公司的其他制度相冲突，不能出现制度之间相互矛盾和对立的情况，否则不利于执行。

（6）还有一点就是，制度贵在精，不在多

有些公司制度不少，但是却没有起到正作用，甚至还起到了反作用。

毫无疑问，这样的规章制度定得再多也没有用。而那些规章制度较少的公司，管理起来反而容易些。所以说，为了企业获得很好的发展，为了自己的团队不断壮大，也为了自己的利益不断增加，一套科学合理的规章制度是必不可少的。

2. 没有例外——确立制度的权威性

周亚夫是汉朝功勋卓著的将军，以英勇善战、严守军纪著称。有一次，汉文帝要亲自犒劳军队，先到达驻扎在灞上和棘门的军营，文帝一行直接骑马进入营寨，将军和他的部下都骑马前来迎接。

接着文帝到达细柳的军营，那里驻扎着周亚夫的军队。只见细柳营的将士们都身披铠甲，手执锋利的武器，拿着张满的弓弩。文帝的先驱队伍到了，想直接进去，营门口的卫兵不让。先驱说："天子马上就要到了！"把守营门的军门都尉说："将军有令：'军队里只听将军的号令，不听其他指令。'"

过了一会儿，文帝也到了，仍然不能进入军营。于是文帝便派使者持符节诏告将军："我想进入军营慰劳军队。"周亚夫这才传达命令说："打开军营大门！"守卫军营大门的军官对文帝一行驾车骑马的人说："将军有规定：在军营内不许策马奔驰。"于是文帝等人就拉着缰绳缓缓前行。

一进军营，周亚夫手执兵器对文帝拱手作揖说："穿着盔甲的武士不能够下拜，请允许我以军礼参见陛下。"文帝被他感动，表情变得庄重，手扶车前的横木，称谢说："皇帝敬劳将军！"完成仪式后才离去。

出了营门，文帝不停地称赞周亚夫："唉！这才是真正的将军！前面所经过的灞上和棘门的军队，就像儿戏一般，那些将军很容易被敌军用偷袭的办法将他们俘虏；至于周亚夫，谁能够冒犯他呢？”说罢，传令重赏。

对于企业而言，制定出纪律和规章是让企业的每一个人遵守的，“王子犯法与庶民同罪”。周亚夫将军执法如山，在规章制度面前即便是皇帝都没有例外，结果起到震慑全军、令行禁止的效果。试想，如果他对皇帝“高抬贵手”、“手下留情”，那么很容易造成管理的无章无序，制度将成为“一纸空文”，势必影响到全体官兵的积极性和创造性，影响整个军队的纪律性。

“没有规矩，不成方圆”，是人们比较熟悉的一句贤话，原意是说如果没有规和矩，就无法制作出方形和圆形的物品，后来引申为行为举止的标准和规则，旨在教育人们要遵纪守法，在公司中更是如此。规矩面前，人人平等，这种“一碗水”端平的公正值得每一个管理者学习。

众所周知，制度是一种要求大家共同遵守的办事规程或行动准则，具有普遍性、公平性的特征，要求对所有相关人员一视同仁，没有谁有享有规定之外的特殊权利。制度有没有威力、能不能让人敬畏，关键在于管理者能不能使制度对每一个当事人都具有相等的效力、相同的威力。

因此，作为企业管理者，落实规章制度不该有任何例外的情况，领导违纪与员工一样受罚，保证规矩面前人人平等，不允许有不受制度约束的特殊人、关系人，即便是董事长也要遵守规章，一旦发现有人违纪便应加以惩治，绝不手软。

有一个故事发生在美国 IBM 公司创始人托马斯·约翰·沃森身上。

为了方便出入管理，IBM 公司推出了员工胸牌，厂区胸牌是浅蓝色的，行政大楼工作人员的胸牌是粉红色的，两种胸牌不能混用。但是总有一些人违反制度，不佩戴工牌或者混用工牌，这给警卫工作带来了很大的麻烦。

有一天，董事长沃森带着一个国家的王储参观工厂，走到厂门口时被两名警卫拦住:“对不起，先生，您不能进去，我们IBM的厂区胸牌是浅蓝色的，行政大楼工作人员的胸牌是粉红色的，你们佩戴的粉红色胸牌是不能进入厂区的。”

董事长助理对警卫叫道:“这是IBM的董事长沃森，难道你不认识吗?现在我们陪重要客人参观，请放行吧!”

警卫说:“我们当然认识沃森董事长，但公司要求我们只认胸牌不认人，所以必须按照规定办事。”

沃森看到这样尽责的警卫非常高兴，非但没有责怪，反而还给予表扬，并安排助理赶快更换了胸牌。随后，警卫部则将这一消息通报了整个公司，从此，不佩戴工牌、佩戴工牌不严肃的现象再也没有发生过。

制度面前没有特权，制度约束没有例外。只有做到这一点，才能创造一种公平的工作气氛，才能有效保证规章制度的执行力度，让每个员工都感觉到自己得到了公平的待遇，从而自觉地维护制度的严肃性、权威性。

当然，对违纪行为加以惩治的目的在于教育员工，而不是惩罚员工。因此，管理者还要与违反纪律遭受处罚的员工进行真诚坦诚的沟通，缓解他们受罚的不快情绪，消除他们的苦恼和怨恨的情感，当然也要给予他们足够的信任，相信他们能够改正错误，这样激励的真正效果就达到了。

3.
“群策群力”的制定方式

1988 年，通用电气公司总裁杰克·韦尔奇在一架直升机上产生了一个想法——“群策群力”。1989 年 1 月，在佛罗里达举行一年一度的碰头会时，韦尔奇向到会的 500 名高级经理宣布了这一计划，即实行“群策群力”的管理方式，聘请高级顾问和商学院的教授协助实施，而且强制执行。

“群策群力”这一管理方式的基本含义是，举行各阶层职员参加的讨论会，在会上，与会者做三件事：动脑筋想办法；取消各自岗位上多余的环节或程序；共同做出决策，解决出现的问题。先期的“群策群力”讨论会主要是建立信任，最基本的模式是大家七嘴八舌发表建议，后来逐渐上升为一种理念。

这种管理方式始于 1989 年 3 月。一时间，像爆米花一样在通用电气的许多部门得到贯彻。讨论会都遵循同一模式，员工们称之为“城镇会议”。由执行部门从不同阶层、不同岗位抽出 40 ~ 100 人到会议中心或某一宾馆，会议为期三天，先由上司简要提出议程安排，主要内容有减少不必要的会议、形式、请示等其他工作，然后上司离开。在一名外聘助手的协助下，与会者分成五六个小组，分别解决某个议题。小组讨论进行一天半，列举弊端，讨论解决方案，为第三天的议程草拟报告。

会议的第三天尤为重要，它赋予“群策群力”这一管理模式以特殊的生命力。对前面议题一无所知的上司回到会场，在前排就座，而且常有资深的头面人物来旁听。小组代言人逐一汇报，提出小组的建议和主张。按规定，这位上司可做出三种答复：第一，当场拍板；第二，否决；第三，要求提供更多的情况，但须在固定日期内答复该小组。

管理不仅仅是一两个人的事，只有群策才能形成群力。

有的管理者认为，决定目标、方针、方向仅仅是领导的事，没有必要让员工知道，员工只要保证准确无误地服从和执行就可以了。实际上这是一种错误的看法，这样的制度只会走向极端，要不太过于呆板，要不就是太趋于理想化，非常不利于调动员工的主动性和积极性，导致企业失去活力。

要知道，无论管理者一个人如何聪慧，和群体相比总是十分有限的。与员工一起制定公司的规章制度，给他们提供献计献策的机会，有利于激发管理者创造性思维的火花，从而焕发出许许多多不寻常的创见和有价值的建议。在生活中，几乎每一个人都有过这样的体会：当独自研究一个问题时，可能思考了5次，还是同一个思考模式。如果拿到集体中去研究，从他人的发言中，也许一次就可以完成自己5次才完成的思考，并且他人的想法还会使自己产生新的联想。

更何况，每一个人都愿意自己做决定，而不是听命于别人。员工是不喜欢领导包办一切的，他们也愿意参与管理。让员工参与公司规章制度的制定，与企业的高层管理者处于平等的地位，研究和讨论企业中的重大问题，可以使员工感受到一种我不光是一个执行者更是一个决策者的成就感，由此体验到自己的利益与企业发展密切相关，从而产生强烈的责任感，把企业的事业当作自己的事业来看待。

最能体现群策群力巨大作用的例子是通用汽车公司子公司的精密铸模公司。

精密铸模公司过去的许多管理制度都是在权威式的管理方式下制定的，员工没有参与制定公司规章制定的权利，只有严格执行规章制度的义务。这样的管理模式，使得员工的流动率很高，正式或非正式的罢工事件时有发生，缺勤率高达7%，产品退货率为3.9%，公司一度处于破产边缘。

在这种紧急情况下，精密铸模公司接受了通用汽车公司总部的建议，设法改革原有的管理制度。领导层经过反复讨论和论证，确定了“通过员工参与管理来改进工作”的原则。制定企业的工作时间、劳动报酬，以及劳动报酬的整个工资架构时，领导层必须要邀请一些员工代表参与进来，平等协商，最后还要经职工代表大会或者全体职工讨论。讨论获得通过后才算生效。

一家精密铸模公司的员工说：“公司给予我最大激励的一件事情是被邀请参加规章制度的制定，这使我有一种被尊重的感觉，体验到自己的利益与组织的发展密切相关而产生强烈的责任感。”果真，实施员工参与制定公司规章制度后，精密铸模公司的状况发生了重大变化，员工感到自己的头脑和观点也开始备受重视了，智慧的火花不断地迸发，从而大大提高了工作热情，带来了明显的工作效益。

公司规章制度的制定一是为了公司的管理，二是为了员工。在今天，领导的民主化已成为不可逆转的潮流，传统的领导做决定、下属服从和执行的做法显然不合时代的要求，一个好的规章制度必然要得到绝大多数员工的认同。

对于员工来讲，他们更需要一种实在的“主人翁”的感觉。请他们参与公司规章制度的制定，亲身的体验使他们认识到了自己主人翁的地位，认识到决策的科学性，从而自然而然地产生与管理者一致的看法，相应地，主人翁的责任也就油然而生了，促使决策的付诸实施也就会成为其自觉的行动。

所以，作为管理者，你要想产生与实施一个好的规章制度，要想激发员工的主人翁意识，把企业的事业当作自己的事业来看待，就必须要采取群体思考法，给予员工参与的机会，与员工一起协商制定相关的规章制度。

要让员工参与制定公司的规章制度，有效地激发员工的主人翁意识，管理者首先要摒弃旧式思想，不要包揽一切，要广开言路，集思广益，尽量鼓励员工发表自己的意见。鼓励的方法主要有两种：

首先，管理者必须放弃自信的语气和神态，少用肯定句，而多用一些“对此，你有什么想法呢？”“你看，这样会不会好一些？”之类的疑问句。不要让员工觉得你已成竹在胸，说出来只不过是形式而已，只不过是为了“作秀”，主意其实早就定了，否则他们只会敷衍了事，激励的功效就无法发挥了。

其次，要适当地挑选一些自己的薄弱环节暴露给员工看，把自己设想过程中所遇到的难点告诉员工：“我想不出更好的办法，你呢？”“这是一个大难题啊，咱们怎么办才好？”等，这样就能引导员工主动积极地给予补充，你也就能集合更多的信息用于支持你的决策，管理工作更上一层楼。

总之，管理不仅仅是一两个人的事，规章制定主要还是针对员工的，而员工们也是愿意参与管理的。给员工一个机会，让他们参与公司规章制度的制定吧，这是让自己保持明智的方法，也是提高企业效率的策略。

4.
易被忽视的制度缺陷

国内有位著名的管理咨询师讲述了这样一个故事：

有一次令我印象深刻的经历。我们要为一家企业提供一次内部员工训练。按惯例，作为训前调研我与该公司总经理进行了一次深入的交流。这家公司的办公室在一幢豪华写字楼里，落地玻璃墙，非常气派。交流中，透过总经理办公室的窗子，我无意间看到有的来访客人因不注意，头撞上了高大明亮的玻璃大门。大约过了不到一刻钟，竟然又看到了一个客户在同一个地方头撞到玻璃。前台接待小姐忍不住笑了，那表情明显的含意是：“这些人也真是的，走起路来，这么大的玻璃居然也看不见，眼睛到哪去了？”

这一幕，我与总经理都同时注意到了，彼此相视一笑，我问：“以前这儿也有过撞玻璃的事吗？”他答道：“好像也有过。”因为他们公司是我们的老客户，大家非常熟悉，我开玩笑似的问道：“请问，您认为这里有什么问题？”他知道我不会随便问这个问题，立即反问我：“请问易老师，你看到了什么问题？”我继续开玩笑道：“有一点是肯定的，那就是你们的玻璃擦得实在太干净，以至于走路的人误以为这里没玻璃。”说完，我们两人会心地哈哈大笑。

其实我们知道，解决问题的方法很简单，那就是在这扇门上贴一根横标志线，或贴一个公司标志图即可。然而，问题的关键是，为什么这里多次出现问题可就是没人来解决呢？这一现象背后真正隐含着的是一个重要的解决问题的思维方式，即“修路原则”。

当一个人在同一个地方出现两次以上同样的差错，或者两个以上不同的人在同一个地方出现同一个差错，那一定不是人有问题，而是这条让他们出差错的“路”有问题。此时，作为问题的管理者最重要的工作不是管人——要求他不要重犯错。

如果我们照以前那样的方式思考问题，你会发现，只要这条路有问题，你不在这里出差错，也会有其他人因它而出错；今天没人在这里出差错，明天还会有。比如，有一盆花放在路边，若有两个人路过时，都不小心碰了它一下，正确的反应是：不是这两个人走路不小心，而是这盆花不该放在这里或不该这样摆放。

一般认为，如果一个人在同一个地方摔两次，他会被人们耻笑为“笨蛋”；如果两个人在同一个地方各摔一次，他们会被人耻笑为两个笨蛋。而按照“修路原则”，正确的反应是：是谁修了一条让人这么容易摔倒的路？如何修正这条路，才不至于再让人在这里摔倒？

如果有人重复出错，那一定是“路”有问题。比如，对他训练不够，相交流程不合理，操作性太过复杂，预防措施不严密等。

管理者想要执行顺利，一方面，要尽量提升人的素养，不那么容易被

"路障"绊倒；更重要的是要把"路"修好，让它不容易绊倒别人。只要发现有问题，立即"修路"，这样因为"路"越修越好，就会使问题越来越少，进步越来越多。

管理进步最快的方法之一就是：每次完善一点点，每天进步一点点，每个人每一次都能因不断修"路"而进步一点点。

"制度面前人人平等"，这要求管理者制度执行上要讲究公正性与严格性。但是，如果制度本身就存在缺陷，那么在执行中往往就会暴露出很多的问题。当员工频频犯错，管理者需要思考的不是员工的责任，而是制度的问题，不断修缮才能确保制度成为组织的助力。

5. 在制度推行中起到榜样作用

作为企业的管理者，要想明确自己的角色定位，就必须正确地认识自我。做事先做人应当是管理者的座右铭。管理者既是制度的制定者和推行者，也是制度的执行者和培训者，这就要求管理人员在要求下属的同时更应该以身作则。正如古人所说的"其身正，不令而行；其身不正，虽令不从"。一个领导者只有严格地要求自己，起好带头表率作用，才能服众。只有自己能做到的事情，才能要求别人也去做到。一个连自己都管理不好的人，有什么资格去管理他人？因此，作为主管，要想把自己的决策贯彻始终，必须身体力行；想要部属做到的，自己先做到。这样的管理者，才是值得属下尊重的管理者，才是具有威望的管理者。

当日本《东京日报》面临危机的时候，为了重整旗鼓，作为新上任的老板，小野泰森采取以身作则的做法，使公司成功地渡过了危机。

20世纪七八十年代，世界经济一片萧条，在这种情况下，小野泰森上任后，厉行节俭，看到地上有几张没有用过的白纸，他把财务部长叫来，当着他的面把这些纸片捡了起来，重新利用。小野泰森这种行为使得部下对于勤俭节约有了新的认识。大家都想着，连经理都这么节俭，自己今后一定要注意。小野泰森还语重心长地告诉大家：如果不注意节俭小的浪费，那么积累起来就会变成大的浪费，任何公司都是经不起这样的浪费的。小野泰森的经历告诉我们，老板首先要起好带头作用，通过带头作用让部下从开始参加工作，就养成敬业的好习惯。

当然，我们所说的企业管理者要以身作则，不是要你整天板着主管的面孔，不苟言笑，不是让人做一个不识情趣的木偶，也不是要你为检点自己的行为而谨小慎微，作为一个企业管理者的你可以通过专长或个人魅力来影响下属，这样他们就能信赖你、依赖你。

总之，只有以身作则才能让下属敬畏你、跟随你、信赖你、依赖你，只有如此，你才会成为一个成功团队真正不可缺少的指挥者，而不仅仅是因为权力而建立起来的权威。

那么，领导人如何做到以身作则呢？卡耐基在其书中给我们提出了四条建议：

（1）企业的管理者要具有自我管理素质。善于自我管理的领导者能够独立思考、工作，无须严密的监督。

（2）企业的管理者要忠于一个目标。大多数人都喜欢与将感情和身心都奉献给工作的人共事。除了关心自身，管理者应忠于某样东西：如一项事业、一件产品、一个组织、一个工作团队或一个想法等。

（3）企业的管理者要培养自己的竞争力，竭尽全力以达到最好的效果。领导者掌握着对组织有用的技能。管理者的绩效标准应比工作或工作团队要求的要高。

（4）企业的管理者要有魄力、讲诚信。领导者独立自主、有判断力，员工才能够信任他们的知识和判断力。

在海尔的发展过程中，有这样一件事。海尔有一条规则，开二十几个人以上的会迟到要罚站一分钟。这一分钟是很严肃的一分钟，不这样的话，会没法开。曾经有一个被罚的人是张瑞敏原来的老领导，罚站的时候他本人紧张得不得了，浑身是汗，张瑞敏本人也一身汗。张瑞敏对他的老领导说，你先在这儿站一分钟，今天晚上我到你家里给你站一分钟。张瑞敏本人也被罚过三次，其中有一次他被困在电梯里，电梯坏了，他咚咚敲门，叫别人去给他请假，结果没找到人而迟到，被罚了站。再比如在海尔的“天条”里，有一条是“不能有亲有疏”，即领导的子女不能进公司，张瑞敏的儿子是著名大学毕业的大学生，但是张瑞敏严格遵守公司规定，不让他到公司来。正是张瑞敏的以身作则，海尔的其他领导人都以他为榜样，自觉地遵守着规范，才使得海尔的事业蒸蒸日上，并成为第一家进入世界五百强的民营企业。

作为企业的领导者，只有做到以身作则，才能以德服人，得到他人的信赖和认可。海尔在张瑞敏的带领下，由一个濒临破产的小企业发展为今天有上百亿资产的大企业，成为中国家电行业的龙头老大，并成功地打入了美国市场，而张瑞敏也被人们看作商界典范，成为一个具有崇高威望的企业领导人。的确，海尔能有今天，与张瑞敏的人格魅力和高尚品格是分不开的。

企业领导人的一言一行，一举一动，无不被员工看在眼里。领导要求员工做到的，必须自己做到；领导禁止员工去做的，也必须自己先禁止。

6.
执行不能失去人性化

管理，说到底就是理顺领导与员工之间的对应关系，使两者之间达到和谐统一。你可以把员工管“死”、管“乖”，但不一定能让对方心服口服。

有一位毕业于哈佛大学的管理学家说：“管理就是管出道理，道理就是规则规范。”这里所指的规则规范，就是管理中的各项制度。管理制度是由人来制定的，所以要尽量做到科学全面，在执行制度的过程中，要一视同仁，“王子犯法与庶民同罪”。不然的话，管理制度将成为小孩自己编织的花环，成为一个可有可无的装饰品。

那么，在执行各项制度的过程中，领导者是否就一定要以“铁面无私”、“六亲不认”的形象出现呢？答案是否定的。管理学上有一个著名的“热炉效应”，指的是制度就像一个温度很高的炉子，只要你一碰到炉子，就会被它灼伤。可是，人毕竟不是火炉，是有感情的动物，要想让别人乐于接受制度，领导者必须掌握好“执法”技巧。在对犯错误的员工进行处罚时，要晓之以理，动之以情，让对方的内心受到震动。

美国国际农机公司创始人，世界上第一部收割机的发明者西洛斯·梅考克，人称“企业全才”。在几十年的商海生涯里，他起起落落，尝遍了酸甜苦辣。但是他以他那全才的素质，终于获得了巨大的成功。作为企业的一把手，梅考克手握大权，但他却从不滥用职权。他能经常为员工设身处地地着想，在实际工作中，既坚持制度的严肃性，又不伤员工的感情。

有一次，一个老员工违反了工作制度，酗酒闹事，迟到早退。按照公司管理制度的有关条款，他应当受到开除的处分。管理人员做出了这一决定，梅考克表示赞同。

决定一公布，这个老员工立刻火冒三丈。他委屈地对梅考克说："当年公司债务累累时，我与您患难与共，3个月不拿工资也毫无怨言。而今犯这点错误就把我开除，真是一点情分也不讲！"听完老员工的叙说，梅考克平静地说："你知道不知道这是公司，是个有规矩的地方，这不是你我两个人的私事，我只能按规定办事，不能有一点例外。"

后来，梅考克了解到这个老员工的妻子去世了，留下了两个孩子，一个跌断了一条腿，一个因吃不到妈妈的奶水而整天啼号。老员工是在极度的痛苦中，借酒消愁，结果影响了工作。

了解到这个情况，梅考克为之震惊，他立即安慰老员工说："你真糊涂，现在你什么都不要想，赶紧回家去，料理你老婆的后事，照顾孩子们。你不是把我当成你的朋友吗？所以你放宽心，我不会让你走上绝路的。"

说完后，梅考克从包里掏出一沓钞票塞到老员工手里，老员工对老板的慷慨解囊感动得流下了热泪，哽咽着说："我想不到你会这样好。"梅考克却认为，比起当年风雨同舟时员工们对自己的帮助，这事儿简直不值一提。他嘱咐老员工说："回去安心照顾家吧，不必担心自己的工作。"

听了老板的话，老员工立刻转悲为喜："你是想撤销开除我的命令吗？"

"你希望我这样做吗？"梅考克亲切地问。

"不，我不希望你为我破坏了规矩。"

"对，这才是我的好朋友，你放心地回去吧，我会适当安排的。"

事后，梅考克安排这个老员工到他的一家牧场当了管家。

制度不能替代感情，感情也不能替代制度，但是在不违反制度的原则下照顾员工的感情，却是领导者高情商的表现。有的领导者说："我对员工的管理是规范的，从不把个人感情带到工作中，因为那会影响管理效果。"试问，如果你不把个人感情带到工作中，那你跟一纸条例有什么区别？

所以，在团队管理中，注重感情投资是很关键的。美国杜克大学篮球队教练克里泽维斯基结合自己在篮球场上的管理办法，首次提出了“有情管理”这一新式管理学科。“有情管理”寻求制度与个人感情的平衡，而不是用手中的权力去强制执行一项不被下属认可的决定。老子在《道德经》第五十九章说：“治人事天，莫若啬。”只有对下属投入了真感情，才能产生“投之以桃，报之以李”的良好管理效应。

石家庄第二印染厂的整理车间有个女工叫孙灵菊，她有一个特殊的家庭：母亲病故，父亲瘫痪在床；姊妹五人，她是老大，下面4个弟妹尚未成年，需要抚养，家务劳动很繁重。但整理车间是三班倒，上下班时间不固定，因此，她经常迟到早退，工作没精打采。根据厂规，她经常被扣减奖金，甚至扣发工资，这给她的生活增加了新的困难。

厂长崔志才得知孙灵菊的情况后，立即召开了一次紧急厂务委员会，专门研究孙灵菊的问题。会上，崔志才讲了一段很有哲理的话，他说：“企业不能没有制度、纪律，而且要严格执行，否则，管理就会无序且流于形式。但是，纪律只是手段而不是目的，纪律要严但不能冷酷，制度无情人要有情。”

会上，厂务委员会做出决定：将孙灵菊从整理车间调至后勤工作，也就是从三班倒变成长白班，使她有时间做家务；在完成工作任务的前提下，允许她迟到早退，而且工资、奖金不受影响。得到这个消息，孙灵菊吃惊得一句话也说不出来。

正是在这种有情有义的管理下，该厂的职工回报了企业更大的情义和忠诚。

所谓“管理无情人有情”，这句话在中国讲再合适不过了。对于中国的企业来说，并不是所有东西都必须制度化、理性化就好。中国人是讲人情味的，中国的企业也需要刚柔并济。领导者在管理中对员工多一些关怀、多点人情味，才能让员工真正感觉到温暖，从而去掉包袱，激发工作的积极性。

第三章

管理人才课：如何辨别“人才”与“庸才”

“世有伯乐，然后有千里马。”这句话精辟地道出了管理者能够识别人才的重要意义。企业的发展，人才起着决定性的作用。没有任何一个企业、一个管理者能够规避这一问题，如何选择与企业契合的员工、实现人才的有效储备是管理者的本职之一。

1. 管理者要懂得从身边发现潜在人才

企业不重视人才，不善用人才，损失最大的不是人才个人，而是企业。因为个人如果不受重用，无法施展才华，完全可以退出，以求“独善其身”，利用企业的一切便利条件，充实自己，积累学识、经验，伺机而动，时刻准备另谋高就。而企业却像花高价买了一台多功能大彩电，只会看几个频道的电视节目，浪费了电视机的其他许多功能一样，花费不少，却未能尽其用，结果是企业花费了大量财力和物力，到头来都为别人做嫁衣。

一个员工是否以企业为家，把企业的事业当成自己的事业，其所能发挥出来的潜能和已做出的成绩是大不相同的。塌下心来做事，平庸的人也会努力学习，不断进步，关键时刻甚至能超水平发挥；而对企业没有归宿感，随时准备另谋高就的所谓人才，其神情必定恍惚，用心必定不专，即便是本来具备很高水平，也很难得到发挥。

发自内心地尊重人才、爱护人才，与实用主义笼络人才、利用人才，完全是两回事。在实用主义的人才政策下，人才对企业就难以产生向心力。

企业领导首先要对人才有敏锐的、全面的识别能力。人才有多种多样：有忠诚可靠之才，有多才多艺之才，有巧言善辩之才，有舞文弄墨之才，有锋芒外现之才，有深藏不露之才，有临机善变之才，有沉稳持重之才，如此等等，不一而足，岂可用一个标准去衡量？“人视之如顽石，我视之为璞玉”的情形并不少见。如果人才从自己的眼皮下溜走，到别处却大放异彩，领导者的识人能力就确实有问题了。只有善于识别各类人才，自己才会成为一个真正的帅才。

人不可貌相，海水不可斗量。秀外而慧中当然最好，“金玉其外，败絮其中”的也不在少数；相反，面目丑陋、笨嘴拙舌，却脚踏实地、非常能干的也大有人在。找对象尚且不可以貌取人，用人才岂可只看外表？识别人才要凭感觉、凭直觉，但感觉、直觉往往是靠不住的，真正靠得住的还是理智地分析，辩证地综合。

要善于发现人才，更要善于使用人才。善用人才，除了要使人才各得其所，还要对人才有所宽容、有所扶持、有所鼓励。一句话，要爱护人才。

对人才要严格要求，但不等于苛求人才。任何人初来乍到，都不可能事事处置得当。领导者给新手安排工作，不仅要扶上马，还要送一程。如果新手偶尔做错一件事，就一棍子将其永远打入冷宫，不复重用，那哪里还会有人才？领导者应从爱护人才的角度出发，加以批评、纠正，不可一味苛求。有些有才者不拘小节，甚至狂放不羁，领导者更当以宽厚之心待之，并要对其多加引导。

还需要指出的是，尽管上门求职的人不少，然而细究起来，真正可用的人才毕竟还是少数。企业的领导者对于人才要真心爱惜，千万不能以“你这样的人，人才市场上一抓一大把”的态度待之，否则真正的人才也会以同样的态度回敬:“此处不留人，自有留人处。”久而久之，最后受损失的还是企业。

此外，很重要的一点是要注意区分“潜人才”与“显人才”的差别，尤其要增强对前者的重视程度。“潜人才”是相对于“显人才”而言的。“显人才”通常具有明显的外现才能特征，而“潜人才”则相反，是指不为人所知、暗藏锋芒、厚积薄发的人才。换句话说，“潜人才”是潜在的，尚未得到社会承认的人才。有人指出“潜人才”有三种存在状态：一是被压抑或被埋没着的人才；二是尚未被发现的人才；三是极具人才潜质，大有希望成为人才或即将成为人才的人。这三种被暂时掩蔽的“潜人才”若授权适当，常常会成为出奇制胜的“奇兵”。

管理者要在竞争中发现“潜人才”。通过竞争，让“潜人才”脱颖而出。要重视实践锻炼，积极探索多种方式和多种途径，有计划、有组织地引导和安排他们在实践中经风雨、见世面，开辟多种渠道，让他们在矛盾集中、环境艰苦的地方接受磨炼，放手让他们在实践磨炼中显示自身的潜在才能。同时，要辩证地看待他们在实践中暴露出的问题，看主流、看本质、看潜质、看发展，不能求全责备；尊重特点，包容个性，不能用固定的模子来衡量；容人之短，用人所长，允许失误，为他们能力的发挥创造宽松的环境。下面是一个关于“潜人才”因压抑而转为他用的典型事例。

有个叫田饶的人，在鲁哀公身边做事已经好几年了，可是鲁哀公并不了解田饶的远大志向，对待田饶总是平平的。因此，田饶的才智得不到施展，他决意离开鲁哀公到别国去。

一天，田饶对鲁哀公说：“我打算离开您，像鸿雁那样远走高飞。”

鲁哀公不明白田饶的意思，问道：“你在这里不是很好吗？为什么要走呢？”

田饶说：“大王，您经常见到那雄鸡！你看它头上戴着大红的鸡冠，非常文雅；它双脚长有锋利的爪子，十分英武；它面对敌人时毫不畏惧敢斗敢拼，格外勇敢；它看见食物时总是‘格格’叫着招呼同伴们一起来享用，特别仁义；它还忠于职守，早起报时从不误事，极其守信。尽管雄鸡有着这么多长处，可是大王还是漫不经心地吩咐把它煮了吃掉。这是什么原因呢？

“这是因为雄鸡经常在您身边，您每天见惯了它，习以为常，它的光彩在大王眼里便黯然失色，您感觉不到它那些杰出的优点与才能。而那鸿雁，从千里之外飞来，落在大王的水池边，啄吃您池中的鱼鳖；落在大王的田园里，毁坏您的庄稼。鸿雁尽管没有雄鸡的那些长处，可是大王依然很器重鸿雁。这又是为什么呢？

“因为鸿雁是从遥远的地方来的，大王对它怀有一种神奇感，它的一切作为，您都认为是非常伟大的。所以，请您让我也像鸿雁一样远走高飞吧。”

鲁哀公说：“请你别走，我愿意把你说的这些话都记下来。”

田饶说：“您认为我平淡无奇，并不觉得留下我有什么大用，即使写下我的话，也不起什么作用。”

于是田饶离开鲁国前往燕国去了。

燕王让田饶做了相国，田饶从此有了施展自己治国安邦本领的机会。

三年以后，田饶把燕国治理得井井有条，国内富足安定，边境平安没有盗贼。

田饶名声大振，燕王也十分得意。

鲁哀公知道后，万分感叹，对当年没能留下田饶感到后悔莫及。为此，他一个人独居三个月，深刻反省；又降低自己的衣食标准，以示自责。

鲁哀公发自内心地慨叹道：“以前由于不能知人善任，才使得田饶离我而去，以至于造成了今天的悔恨。真希望田饶能再回到我身边，可是，我知道已经很难了。”

鲁哀公为什么会后悔？悔就悔在田饶在他身边时没有给田饶施展才能的机会，悔就悔在田饶在他身边时没有给田饶很好的定位。虽然后来他独居三个月，深刻反省，又降低自己的衣食标准，以示自责，可这又有什么作用呢？悔之晚矣！但是，这件事给了我们借鉴，告诉我们：要珍惜自己身边的人！

人们往往对自己身边的优秀人才视而不见，只是一味地好高骛远，崇拜引进的人才，认为只有他们才有真才实学。其实不然，领导者要善于发现身边的人才，知人善任，切忌舍近求远，放跑了本就在自己身边的人才。

2.
人才的标准是长处多，而不是短处少

用人不应计其短，而须看其长。清末著名红顶商人胡雪岩就认为，一个人若有一技之长，即使有一些其他的小毛病，也有用的必要，也可以结为朋友，并为己所用。因为人不可能是十全十美的，如果用求全责备的态度来要求每个人，那么未免过于苛刻，在现实中也不容易实现。同时胡雪岩更看重的一点是，这个人是否有决心、有毅力。有决心、有毅力，就是长处，就可以视为人才。人只要有恒心、意志，就没有改不掉的毛病。而要做到能够用人之长，就必须对身边每个人的性格脾气都了然于胸，对身边每个人的才干都清楚明白。只要做到这些，在选用人员时，你心中才会有十分的把握。

美国南北战争时期，林肯曾选用过三四位将领，标准是无重大过错，结果都被南方将领击败。林肯汲取这一教训后，决意起用嗜酒贪杯的格兰特担任总司令。当时有人极力劝阻，林肯却说:“如果我知道他喜欢什么酒，我倒应该送他几桶，让大家共享。”林肯总统并不是不知道酗酒可能误事，但他更知道在北军的将领中，只有格兰特将军能够运筹帷幄，决胜千里。后来，事实证明了格兰特将军的临危受命，正是南北战争的转折点。这也说明了林肯的用人政策，是求其人能发挥所长，而不求其人是个“完人”。

每个人都有长处和才能，有的擅长分析，有的擅长综合，有的擅长技术，有的擅长管理，有的精通财务，有的善于交际，才能应与工作性质相适应。每项工作对人的要求各不相同，才能与职务应该相称，给予他的职务应最能刺激他发挥自己的优势。职务以其所能和工作所需结合而授，叫“职以能授”，这样既不勉为其难，也不无所事事。扬其所能，其工作自然积极，管理效能也必然提高。

当然，用人所长，并不是对人的短处视而不见，更不是任其发展，而是应做具体分析、具体对待。有些人的短处，说是缺点并非完全确切，因为它天然就是和某些长处相伴生的，是长处的一个侧面。这类“短处”不能简单地用“减去”消除，只能暂时避开，关键还在于怎么用它。用的得当，“短”亦即长。克雷洛夫有一段寓言说，某人要刮胡子，却怕剃刀锋利，搜集了一批钝剃刀，结果问题一点也解决不了。

管理者不仅要熟悉下属的长处，还应帮助其认识到自己的优势，从而使其对工作充满信心。管理者应该经常向被管理者提出这样的问题：为了更大地发挥你的作用，你还需要我做些什么？

这个世界上任何东西都有其用处，只是用处大小方式不一罢了。作为万物灵长的人，自然也不例外。即使是再无能的下属，只要遇上一个会用人的上司，同样也能发挥其长处。关于用人，胡雪岩曾有一段非常精彩的概括：“眼光要好，人要靠得住，薪水不妨多送，一分钱一分货，用人也是一样。”

“人非圣贤，孰能无过”，因此要用人之长就必须能容人之短。当我们欣赏胡雪岩一生在商场创下的无数业绩时，不能不注意到他手中的济济人才，而这些能干的人才之中，许多都是别人眼中的“问题人物”。胡雪岩的高明在于他能“用人之长，容人之短，不求完人，但求能人”，这一点是值得我们深思的。

从延揽人才的目标来看，当然最好是能够吸纳全面人才而用之。腿脚勤快，办事扎实，交代的事情可以为你很稳妥地办好的帮手好找，但不仅能够稳妥地办事，而且能创造性地办事的将才难求。一个有作为的生意人，在识别人才时，眼睛当然要“盯”在这样的人才身上，一旦遇到，要不惜代价，使其乐为己用。

然而，“金无足赤，人无完人”，生活中也确实很难有面面俱到的全能人才。有魄力的人，可能粗枝大叶；心细的人，可能手脚放不开；老实肯干的人，脑子可能不灵活；而脑子灵活的，又可能偷巧卖乖，办起事来让人不放心，甚至一些人有特殊的本领，但在其他方面却完全一无是处。

在择人任用上，白璧无瑕、文武全才者固然是最为理想的人选，但现实生活中往往会出现鱼和熊掌不可兼得的情况。这时，到底用“有瑕玉”还是“无瑕石”，就看用人者的眼光了。

能不为世俗的成见所拘束，吸纳形形色色的各种人才为我所用，这样才能人才济济。有了人才，事业才能发展。而且，在延揽人才时，特别要注意那些遭人非议的人，因为“木秀于林，风必摧之；行出于众，人必非之”，越是某方面才能出众的人，其他方面的弱点就越容易被人攻击。

著名管理学家杜拉克说过：“倘要所用的人没有短处，其结果至多只是一个平平凡凡的现职。”所谓“样样都可以”，其实必然是一无是处。有高山必有深谷，谁也不可能十项全能，才干越高的人，其缺点往往越明显。

在管理中，常常碰到一些令人左右为难的事。比如当一个职位出现空缺，需要物色一个理想的人选时，只因不能容人之短而扼杀了人的特定才能，最后必定是平庸的人当选。在这种情况下，我们就应该学习胡雪岩的做法，不拘一格，大胆起用人才。

总之，我们不能因为一个人的小缺点而舍弃他的大优点，这也是一些君主或领导者之所以失去贤士的原因。人本来就很难做到十全十美，应当权衡优劣，容其所短，用其所长。

3. 如何避免任用后力不足的“精英”

一位企业家在选择、录用员工的时候，用的方式很是耐人寻味，企业提出的第一个问题是：是否孝顺双亲？

在这位企业家看来，不孝顺的人就没有好的品德。没有品德的人，即便再有才能，也不能得到信任和录用，所以他们公司在选人的时候，首先看重的是德行。

很多企业并不缺能力高、学历高的人，甚至有的企业精英荟萃，可是让人迷惑的是，在这样的企业或者团队里，却面临着发展动力不足的困境，甚至有的还惨遭淘汰。

仔细挖掘其中的原因，我们会发现，在这样的企业中虽然能力高、学历高的人不稀缺，但是他们大多缺乏诸如忠诚、敬业、服从、正直、诚信等优良品德，而一个优秀的员工是必然要具备这些品质的。试想，一个公司员工人品普遍低下，企业充满重重矛盾、钩心斗角、尔虞我诈、损公肥私，又怎能发展壮大呢？

在用人唯德这一点上，晚清著名军事家、政治家曾国藩就有一双能够看清手下人的眼睛。

曾国藩提出的“德”，含义十分广泛，包括忠诚、踏实、正直、勇敢等。他一再强调，要“于纯朴中选拔人才，才可以蒸蒸日上”，他所说的“纯朴”，指的就是朴实、诚实等优秀品质。他曾经指出：“德，就要能够在政治上忠于自己的信仰与事业，并心甘情愿地为这个信仰和事业竭尽全力；在生活作风上，要能够质朴实在、吃苦耐劳；在精神面貌上，要能够有坚韧不拔的顽强精神。”

一天午后，曾国藩的府第来了三个年轻人，但是曾国藩没有立刻就接见他们，而是故意让他们在大厅中等待，直到黄昏，曾国藩才出来见他们三人。

经过一番了解，曾国藩知道了这三人都是他的学生李鸿章举荐过来的，希望曾国藩能够重用他们，为大清朝做出一番业绩。而曾国藩有意迟迟不见他们，就是想对他们三个人进行一番考察，来了解三人。

他在暗处观察他们的一举一动，发现三人有不同的举动：第一个人在屋子内四处观望，第二个人老老实实地坐在椅子上，第三个人一直站在门口，静静地看着天际流云。时间久了，前两个人露出不满的神色，第三个人却一如既往，十分平静地观赏周围的景色。

这一切让曾国藩对他们有了一个大致的了解，随后便走到大厅，和他们交谈了起来。经过一番谈话，曾国藩对他们又有了新的看法：不住地观察屋子中摆设的年轻人，说起话来滔滔不绝；那个一直坐着的人，一言不发；四处欣赏风景的人，是不发言则已，只要一出口，都是些惊人的言论，见解十分之高，偶尔还会出言顶撞他。到天色渐晚之后，他们就起身告辞了。

等到他们离开之后，曾国藩对他们职位的安排心里有了数，结果让人很是意外：那个敢于出言顶撞自己的人被派往军前效力；那个沉默寡言的人负责管理粮草；而那个说话滔滔不绝的年轻人，则被安排了一个闲职。

对曾国藩的安排，众人十分不解，就来问他原因。曾国藩解释说：“那个和我聊得来的年轻人，在大厅等我的时候，就在四处打量屋里的摆设，以此揣测我的喜好。大家等久了，只有他抱怨最深，但见了我之后，却对我十分恭敬，可见此人是一个表里不一的人物，所以不能委以重任。而那个沉默寡言的人，虽然对我唯唯诺诺，全没半分魄力，但性格沉稳，正好可以用来管理钱粮。而那个敢于出言顶撞我的人，我让他等了那么久，他却毫无怨言，甚至还有心情观赏天际浮云，可见他的淡定从容，有大将之风。同时，面对我这样的高官，他还能不卑不亢地提出自己独到的见解，可见道德高尚，是罕见的人才，我当然要提拔他。”

事实证明，曾国藩的眼光是十分独到的，被他提拔的这个年轻人，就是后来赫赫有名的台湾首任巡抚刘铭传。

曾国藩在用人上能够意识到识才、选才、用才的相互作用。对一个人才的任用，首先懂得识别，进而根据对人才的了解进行甄选人才，最后再任用人才，将他们分配到适合他们工作的岗位上。

曾国藩识才、用才的标准是以德为首，他的做法值得当今每一个企业管理者借鉴。作为企业的管理者，在选用人才的时候，就要学习曾国藩这种“先重德，再重才”的原则。假如，企业的管理人仅仅重视员工的才能，却忽视了员工的品德，只会给企业造成不可估量的损失。

意大利著名诗人但丁曾经留下过一句流传千古的至理名言：“一个人如果知识不全的话，可以用优良的道德品质去弥补，而一个道德不全的人，却无法用知识面去弥补。”才能的缺失可以通过后天的学习、努力、他人的教育来提升，但是道德的低劣，不论是怎样都无法弥补，因为对于一个人的管理，要是在心中根深蒂固的话，就很难改变了。所以，企业的管理者在选用人才时，不要一味地重视才能。

4. 欲提升组织活力，可引入鲶鱼型人才

据说，挪威人捕沙丁鱼，抵港时如果鱼仍然活着，卖价就会高出许多，所以渔民们千方百计想让鱼活着返港。很多人的种种努力都失败了，但有一艘船却总能带着活沙丁鱼回到港内。直到这艘船的船长死后，人们才发现了秘密：鱼槽里放进了一条鲶鱼。原来鲶鱼放进槽里以后，由于环境陌生，自然会四处游动，到处挑起事端。而大量沙丁鱼发现多了一个“异己分子”，自然也会紧张起来，加速游动，这样一来，一条条活蹦乱跳的沙丁鱼就顺利地被运回了渔港。后来，人们把这种现象称之为“鲶鱼效应”。“鲶鱼效应”的实质是引入新鲜因素，打破平衡，引起竞争，激发活力。

“鲶鱼效应”对于“渔夫”来说，在于激励手段的应用。在企业管理中，管理者要实现管理的目标，同样需要引入鲶鱼型人才，以此来改变企业一潭死水的状况。引进鲶鱼型人才是企业管理必需的，是出于获得生存空间的需要出现的，而并非是一开始就有如此的良好动机。对于鲶鱼型人才来说，自我实现始终是最根本的。

沙丁鱼型员工的忧患意识太差，一味地想追求稳定，但现实的生存状况是不允许沙丁鱼有片刻的安宁。“沙丁鱼”如果不想窒息而亡，就应该也必须活跃起来，积极寻找新的出路。

“鲶鱼效应”本质上是一个管理方法的问题，而应用“鲶鱼效应”的关键在于如何利用和管理好鲶鱼型人才。由于鲶鱼型人才的特殊性，管理者不宜用已有的方式来管理鲶鱼型人才。因此，“鲶鱼效应”对管理者提出了新的要求，不仅要求管理者掌握管理的常识，而且还要求管理者努力

学习、创新管理方式，并在自身素质和修养方面有一番作为，这样才能够让鲶鱼型人才心服口服，才能够保证组织目标得以实现。

作为公司的最高领导层，当公司缺乏活力时，如何去改变这一状况，比较流行的做法是，从外部引进“鲶鱼”，这在短期内确实能起到一定的效果，但若长期从外部引进高职位人才会使得内部员工失去晋升的机会，导致员工的忠诚度降低，流动率升高，“治一经，损一经”，不利于公司稳定发展。从经验来看，以下几条内部“鲶鱼”——绩效管理系统、构建竞争性团队、发现并提升潜在明星很重要，值得各企业认真去发掘。

澳大利亚某牧场上狼群出没，经常吞噬牧民的羊。于是牧民求助政府和军队将狼群赶尽杀绝。狼没有了，刚开始时，羊的数量大增，牧民们非常高兴，认为预期的设想实现了。可是，若干年后，牧民们却发现羊的繁殖能力大大下降，羊的数量锐减且体弱多病，羊毛的质量也大不如从前。原因是失去了天敌，羊的生存和繁殖基因也退化了。于是，牧民又请求政府再引进野狼，狼回到草原，羊的数量又开始增加。

这个事例告诉人们一个道理，“生于忧患，死于安乐”。如果一个企业缺少活力与竞争意识，没有生存的压力，就如同没有天敌的羊一样，必然会被日益残酷的市场竞争所淘汰。一个员工也是如此，长期安于现状、不思进取，必然会成为时代的弃儿。

一个企业动力机制的有效性，关键在于员工的薪酬、晋升和淘汰机制的建立与绩效管理系统挂钩的紧密程度。事实上，科学有效的绩效管理系统能够为员工的薪酬调整、晋升和淘汰提供准确、客观、公正的依据，真正起到“奖龙头，斩蛇尾”的效果。除此之外，推行绩效管理的作用和意义还在于：使个人、团队业务和公司的目标密切结合，通过目标和责任的分解，将公司业务的压力传递给每一位员工；通过每一层级的主管与下属关于绩效目标设定和绩效考核结果的沟通和确认，提高管理沟通的质量，让员工对需要完成工作目标做出承诺，并主动付出努力；绩效管理过程是主管不断帮助下属明晰其工作，辅导下属完成工作达成目标的过程，作为主管必须明确要达到的结果和需要的具体领导行为，因此绩效考核在主管考核下属的同时，也是在考核主管本身，不仅让下属动起来，也让各级主管行动起来；推行考核本身就是企业希望改变现状，通过改革谋求发展的风向标，员工很快就能认识到一切的改变正在发生，从而产生紧迫感；通过考核，在工作要求、个人能力、兴趣和工作重点之间寻找最佳的契合点；同时，增强管理人员、团队和个人在实现持续进步方面的共同责任，引导员工的成长。

一家发展迅速的小型软件公司的创业者说："公司要得到发展，就必须保证没有人在这里感到安闲舒适。"公司支持所有的团队互相竞争内部资源和外部市场资源，通过设置内部群体之间的有序竞争，激发员工在外部市场中面对经费压力、人力资源压力、发展压力等的潜能和斗志，其结果是使公司的员工始终处于战斗状态。

在用人方面也一样，只要在组织中找到并提升能干的人才，谁都会紧张，有了压力，自然会拼搏进取，由此一来，整个团队就会生机勃勃。这里的首要问题是如何识别企业内部的潜在明星，以下几条标准可供参考：工作热情和强烈的欲望；具有雄心壮志，不满现状；能带动别人完成任务；敢于做出决定，并勇于担负责任；善于解决问题，比别人进步更快。

这样的潜在明星员工，在一个气氛不良，机制不完善，正在步入慢性死亡的公司中，往往是受到打击和排挤的对象。但是，如果最高管理层真正希望改变现状，创建一种活跃、良好、具有凝聚力和建设性冲突的组织氛围，就有必要去挖掘和提升鲶鱼型员工，这不仅体现了最高管理层改革的决心，传递压力和紧迫感给沙丁鱼型员工，同时更是增强所有员工对改革信心的重要途径。

人没有压力，就会缺乏动力。人的潜能是很大的，只有合理地开发和引导，才能逐步释放出来，而这种"释放"就需要一个"冲突的环境"。

宋朝的经济文化水平在当时是非常先进的，堪称世界强国，金、蒙、西夏的袭扰并没有削弱宋朝的实力，反而使宋朝出现了多位著名将领。南宋灭亡的真正原因是后来一味地坚持“求和”，给人钱财以换取短暂的安乐，虽然暂时换来了边疆无事，缓解了压力，但却使其战斗力迅速下降，最后在蒙古人的进攻面前不堪一击。

无论是一个国家、一个民族、一个企业，甚至是一个人，没有外来压力是很可怕的，容易形成惰性。封闭保守的文化非常不利于自身的发展，因此，对于企业而言，一定要不断地灌输压力的概念，要设立富有挑战性的目标，激发组织和个人的创造欲望，这样才能增强活力。要使团队持续、高速地发展，不妨在团队中放入几条“鲶鱼”或“狼”，让它们为团队“制造”一点冲突。

如今很多经营者在用人时都懂得利用“鲶鱼效应”，目的是通过不断地引进人才进一步激活人才，为企业创造有序的人才竞争环境。但也要注意，这不是绝对的真理，它的运用也有“度”的限制。其实，万事皆有度，问题是“度”在哪里。

不难看出，“鲶鱼效应”的激励作用在于改变了沙丁鱼型员工不思进取的普遍现象。假如恰恰相反，你所在的部门员工已经形成生龙活虎、锐意进取的良好“鲶鱼效应”气氛，可是你仍然我行我素地坚持继续引进超量“鲶鱼”，就可能发生“能人扎堆儿”，造成内讧和矛盾，致使效率低下。拿破仑曾说：“狮子率领的兔子军远比兔子率领的狮子军作战能力强。”这句话一方面说明了主帅的重要性，另一方面还说明这样一个道理：聪明和能力相同或相近的人不能扎堆儿。能人扎堆儿对企业发展不利。有这样一个案例颇能说明这一点：

3个能力高强的企业家合资创办了一家高新技术企业，并且分别担任董事长、总经理和常务副总经理。一般人认为这家公司的业务一定会欣欣向荣，但结果却令人大失所望，企业非但没有盈利，反而连年亏损。其原因是无法协调，3个人都善决断，谁都想说了算，又都说了不算，结果管理层内耗导致企业严重亏损。总部发现这一情况后，马上召开紧急会议，研究对策，最后决定请这家公司的总经理退股，改到别家公司投资，同时免去他总经理的职务。有人猜测这家亏损的公司经历撤资打击之后一定会垮掉，没想到在留下的董事长和常务副总经理的齐心努力下，竟然发挥了公司最大的生产力，在短期内使生产和销售总额达到原来的两倍！而那位改投资别家企业的总经理在担任董事长后，充分发挥自己的实力，表现出卓越的经营才能，也缔造了不俗的业绩。

这的确是一个值得研究的案例。引进“鲶鱼”的尺度何在？企业在运用“鲶鱼效应”、决定是否引进“鲶鱼”时，一定要看实际效果，即是否可以通过引进“鲶鱼”将本企业内的一些“沙丁鱼”激活。

总之，人才引进不是越高越好，而是看有无需求，否则就会造成无序的人才竞争和人才的供需不平衡，最终影响人才发挥作用和人力资源的优化配置。新“鲶鱼”挤走了旧“鲶鱼”，“鲶鱼效应”能否科学地发挥作用至关重要的一点是科学地评价“鲶鱼”与“沙丁鱼”。假如眼光只“见外不见内”，就可能导致优秀员工的流失，假如此“鲶鱼”流失到对手企业，更由于他深知本企业的“根底”，难免会对本企业构成威胁。

5.
通过谈话考察人才

谈话识人这种考察方法，是一种比较古老的识才方法，也是为实践所证明的一种有效的方法。但是在不同的时期、不同的国家，这种谈话识人的方式和内容都有明显的不同。

如何通过谈话识人，管理学家一般认为有两种有效的方法：首先是通过面谈识人，谈话使领导者面对谈话对象产生直接的亲身感受和较深的体验，从而避免各种外来影响和偏见。面谈的内容包括面谈对象的能力、经历、性格、心理、爱好、特长等。面谈时一定要做好准备工作，对于谈话的内容，谈什么不谈什么，以及先谈什么，后谈什么，做到心中有数。面谈时应当注意保持头脑清醒，注意观察，善于捕捉对方无意间流露的各种线索，把谈话引向深处。

另一种有效的方法是通过开座谈会的方法对下属进行考察。具体又分两种座谈的方法：一是被考察者不在场，主持者提出有关问题，征求参加者的意见，做到"兼听则明"；二是被考察者在场，通过被考察者在会上的各种反应和表现来鉴别。座谈可采取自由发言的方式，这可以观察被考察者的各种反应：能否抓住问题的症结？提出的设想的数量与质量如何？对别人的意见抱什么态度？解剖问题的方法是否巧妙？思路是否灵活多变？知识的广度与深度如何？通过这些方面的观察，可了解其长处与短处，从而择优任用。

谈话识人可以是一对一的，也可以是一对多的，但总的来说，一对一最为可取。这是因为，个别谈话具有其他考察方法无法比拟的长处。倘若是选择者直接与被选者面谈，往往能准确地、直观地获得被选者的第一手资料，从而便于对被选者进行更准确的决断。由于是单个接触，交谈对象一般能消除顾虑，把想说的话尽量谈出来，从而做到知无不言，言无不尽。不足之处是：由于没有第三者在场，也容易使谈话对象随意掺杂一些个人恩怨。其次，目前绝大多数“个别谈话”仍然停留在传统的“定性为主”的低水平上，未能有意识地朝着“定量为主”的方向发展，做一些大胆的改革和创新；最后，是效率低，耗时多，如果连续交谈多人，其中势必含有大量的“重复劳动”和“无效劳动”，这需要我们努力避免。最好的办法是事前对谈话进行深入的设计，并在事后对谈话进行分析。

其实早在2000年前，我国古代的政治家诸葛亮就强调作为一个领导者必须善于知人。他在一篇文章中写道：不同的人“美恶悬殊，情貌不一”，“有温良而伪诈者，有外恭而内欺者，有外勇而内怯者”。他的意思是，人的真善美与假恶丑并不都是表现在情绪和脸谱上的，也不能从一般的表现上都看得出来。有的人看来温良敦厚而实际狡诈，有的人外表谦恭而内心虚假，有的人给人的印象勇不可挡实则是一个十足怯懦的人。面对这种情况，他提出了一系列的选拔人才的方法，如从达变、知识、勇敢、性格、廉洁、信用等一系列科学的方法来判断，这一套方法不仅被他应用于当时的实际管理任务中，而且对于后人影响也很大。可以说诸葛亮是我国古代杰出的管理学家，他的“知人”方法对于经营者在用人上是有很大帮助的。

诸葛亮的方法在很大程度上建立在谈话的基础上，正所谓“闻其声，可以知其心”。具体来说他的闻声之法分为以下几个步骤：

（1）“问之以是非，而观其志”

就是要求领导亲自与下属讨论对一些重要事情是非对错的看法，来观察他的立场、观点是否正确，对事物的把握判断能力到底如何。

（2）“穷之以辞辩，而观其变”

就是要求领导就工作中某些现实问题的处理意见同下属不断地进行辩论，提出质疑，以此来考察他的智慧与应变能力。

（3）“咨之以计谋，而观其识”

就是不断地向下级提出咨询，请他们对一些重大问题提出谋略和决策方案，以考察其是否有能力和见识。

（4）“告之以祸难，而观其勇”

即告诉下级可能面临的灾祸和困难，来识别其是否能临难而出，具有义无反顾的英雄气概。

今天，我们已逐渐建立起一整套行之有效的日常考核、定期测评和群众评议的制度和方法，但是前人和外人的有益经验仍然是我们取之不尽、用之不竭的一笔宝贵财富，这些做法显然是值得我们借鉴和学习的。

第四章

管理用人课：
没有“扶不起的阿斗”，只有站错位置的人

在各尽其能的用人策略中，根本就没有“扶不起的阿斗”之说，有的只是发现被隐匿的“闪光的金子”。大家都认为有才华的人很厉害，其实不然，真正厉害的是善于使用人才的人。将人才合理配置，使其在合适的位置上发挥出最大潜能，考验的就是管理者的用人之才。

1.
“让新手入模子”——迎接新职员

“让新手入模子”是企业管理的重要内容。对新职员的态度体现了一个企业的文化建设水平。领导者应如何对待新职员？老职员应怎样对待新职员？这些都是一个企业要精心处理好的重要问题。

领导者对新职员要关心与提携。企业领导关心提携新职员，要做好两方面工作：其一，领导者身体力行、做好表率，这是使新职员能迅速融入团队的需要。领导者的关怀能产生积极的力量，使新职员训练有素，迅速跟上企业前进的节拍，为企业效力，同时也体现了领导者的人格魅力和以人为本的思想。领导者的关怀能赢得新职员的由衷爱戴与感激，也为构建良好的上下级关系奠定了坚实的基础。其二，领导者要树立一种协助关心新职员的企业文化。要注重对内部职员最到位的思想动员，强化“助弱扶新”的思想意识，并使之成为一种自觉的行为，这也就扫除了新老职员间排斥与离间的根源，构建了和谐友好的团队关系，成为企业发展的力量源泉。

老职员对新职员要帮助。老职员真诚地帮助新职员，这不仅顺应企业管理的要求，也是个人发展所必需的。正如埃·哈伯德所言：“聪明人都明白这样一个真理——帮助自己的唯一方法就是去帮助别人。”新职员凭借自身努力经过一段时间的磨合之后最终会步入轨道，甚至变成“行家里手”，而老职员的帮助只是在一定程度上缩短了新手磨合的时间，却无法改变其发展趋势。如果老职员没有对新手予以真诚的帮助，那么当新手水平超出老职员或者与之“平起平坐”之时，再回顾以往情景，难免对老职员心存芥蒂，甚至可能会“以牙还牙”。这对老职员而言，“种因得果”便是在所难逃。

松下是世界50大公司之一，作为世界性大企业，其电器产品遍布世界各地。松下大获成功的关键就在于，松下善于培养人才、善于用人、敢于用人。

长期以来松下电器人才培育的实施方针之一就是实习，目的是通过体验培养实力。任何丰富的知识，高深的学问，若是将之收藏在脑子里，并不能发挥真实的力量。松下幸之助认为，好比盐的咸度，如果只用语言表达，是无法令人知道其真实咸度的，除非叫人亲自去品尝，实际地去体验，否则，不能说这个人已经知道盐的咸度。实习和这个道理一样。

借用医学上的一个术语来说，松下电器的经营活动相当于临床医学，而不是基础医学。在这个意义上说，从事经营活动的人都必须是有实际工作经验的“临床医生”。

对待新职员，松下公司的做法是组织他们到生产销售一线去“临床”实习，积累了实际经验，才能在以后的工作中获得成功。松下电器公司每年都要招收一批新职员，这些职员到公司后，第一件事就是到生产销售的第一线去实习，或在工厂当工人，或在商店当售货员。当然，这种做法是在公司大规模发展起来之后形成的。在松下电器，从事研究和设计的技术人员，都曾亲手从事过最简单、最平凡的诸如拧螺丝一类的工作。制订销售计划的人，也都曾是每日每时工作在柜台旁，对销售情况了如指掌的人。

总之，新人培训目标的实现，不仅在常规说教之间，而且要内延和外伸到新员工入职后与新环境发展接触的各个环节，注意好每个小细节，体现更人性的关怀，这样才能帮助员工建立对新工作的归属感和积极性，为成就卓越表现打下扎实基础。

2. 为员工选择合适的岗位

“21 世纪什么最贵？答案是人才！”这句台词来自一部知名的电影，它很形象地道出了当今人才对企业发展的重要性。在使用人才的时候，需要注意“量体裁衣”，要给予适合人才一展拳脚的岗位。

现在企业之间的竞争，其实就是企业人才之间的竞争。拥有了人才，就拥有了在竞争当中克敌制胜的法宝。作为公司的领导者如果不懂得知人善用，只会白白浪费了人才优势。“知人善任”，这话说起来容易，但真正实行起来就难了，特别是“善任”。善于用人的管理者，不光要考虑人才的资历以及在任用前后可能会遇到的各种问题，还须具有一定的远见和魄力，不然是很难做到“知人善任”的。

当一个企业管理者在不断感叹自己手下人才匮乏的时候，其实更应该考虑自己是否做到了人尽其才，是否在不知不觉当中浪费了人才资源。

福特公司工程师哈罗德·斯伯利特曾经大力主张生产一种微型货车，他敏锐地觉察到这种微型货车将会是未来汽车制造业的发展趋势。但是，作为福特公司的领导人，亨利·福特二世还在为之前埃德塞尔开发微型货车的失败耿耿于怀，他认定自己的能力比不上自己的前任埃德塞尔，他认为埃德塞尔都做不到的事情，自己自然也做不到。

正当斯伯利特踌躇满志地提出自己制造微型货车的意见时，福特毫不犹豫地拒绝了。斯伯利特因此对福特公司失望透顶，他认为这家公司已经不能满足自己的发展要求了，于是就有了另谋高就的想法。

当斯伯利特离开福特公司的消息传出时，沃尔沃、通用汽车等福特的竞争公司纷纷向斯伯利特抛出了橄榄枝。最后，福特公司第一死敌——通用汽车捷足先登，得到了斯伯利特的垂青。在这里，斯伯利特研制微型货车的想法得到了该公司总裁艾科卡的全力支持。在研发新型车上，斯伯利特用了足足5年时间。其间，他也经历了无数次的挫折和失败，但是艾科卡始终对他充满了信心，对他的一切需求都供应无度。

5年后，斯伯利特的新型微型货车终于上市，并大受欢迎，成为通用汽车的支柱产业。斯伯利特终于在通用汽车完成了自己未了的心愿，他自己也从此登上了事业的高峰。

斯伯利特之所以离开福特公司，是因为该公司无法满足他的岗位需求。一个不适合自己发展的岗位，谁还愿意留下呢？但是通用汽车总裁艾科卡眼光独到，为斯伯利特量体裁衣，用合适的岗位和全力的支持招揽到了他。最后，事实证明，斯伯利特没有让人失望，他为通用汽车公司创造出了他人无法超越的业绩。

有一句话叫作“良禽择木而栖，良臣择主而事”，福特公司没能知人善用，导致人才流失，不得不说亨利·福特二世和艾科卡两人在用人方面有很大的差距。

英国管理学家德尼摩曾经说过：“任何人都有他自己该有的位置，只有将一个人放在适合他的位置上，才能发挥出他身上的潜能。”

那么，领导者如何给员工量体裁衣呢？

（1）根据员工的性格特点

每个员工都有自己的性格特点和个人爱好，对企业的领导者来说，应该按照下属的优点和喜好来合理地分配工作。就比如，让成就欲望比较高的下属单独去做一件有挑战的事儿，并在他完成任务后及时给予肯定和赞扬，提升其工作的积极性；让有权力欲望的人，按照他们的能力担当相适应的管理职位，同时要加强下属对企业的认同感，增强员工之间的凝聚力，这样才能激发员工的工作热情。

（2）根据员工的爱好和专长

“闻道有先后，术业有专攻。”这句话是亘古不变的道理，是我们老祖宗总结出来的精华。假如我们把瓦匠调去做木匠的活，将木匠调去做瓦匠的工作，最后不仅工作效率低，也会把事情做得一塌糊涂。每个人都有自己的长处，而企业管理者该做的就是给予每个人才适合发展的道路。量才适用，需要按照不同人才身上的不同素质来安排相应的岗位职责，将合适的人才放到合适的位置上，同时，在做这些工作之前，企业管理者要注意记住人与人之间的性格、气质、兴趣和专业等之间的差距，发现他们的专长。

对许多企业来说，知人善任或许就是一件难事，需要领导者花费大量的时间、精力，去观察、了解一个人才的能力范围。有时候，为了一个关键位置的适当人选，管理者会大伤脑筋，会使企业管理者行事过于小心翼翼。但这种小心翼翼是必需的，否则，当发现因为用人不当而造成重大损失时，就无可挽回了。这样的教训，在企业当中并不少见。

将一个有才华的人才放到合适的位置上，才能发挥其特长，才能施展出他身上的才干。如果把不适合的人强行放到不适合的岗位上，就会造成员工既无法完成企业设定的目标，又会造成下属心中的不满，从而造成企业工作效率的降低，也是对人才资源的浪费。企业管理者必须时刻谨记，对人才就该“量体裁衣”、“知人善用”。

3.
用人需不拘一格、打破常规

历史上此方面的经验教训数不胜数，而最早系统地总结“打破常规，灵活用人”理论的是战国末期的李斯。秦国时期，许多贵族大臣建议当时的秦王、后来的秦始皇嬴政把所有外国人才全部驱逐出境，免得他们当奸细。同样属于“外国”来的李斯马上写了著名的《谏逐客疏》，向秦王说明必须善于重用“外国”人才的道理，使秦王没有做傻事。在成语中，形容善于使用外来人才最常用的成语是“楚材晋用”，而实际上，在这方面做得最好、获利最多的是秦国而不是晋国。如果不是大胆使用“外国”人才，秦国不可能有商鞅变法，不可能修建都江堰，不可能重用李斯，更不可能统一天下。

打破常规的用人之道是需要每一个领导者用心学习与思考的，以下是具体的几点建议。

（1）让低职者高就

这是开发人才的一种成功做法，意思是让低职者高就，目的是压担子促成长。我们的传统做法是量才使用、人事相宜、什么等级的人安排什么等级的事。而让B级人做A级事，这种做法既不同于人才高消费，又有别于人才超负荷，比较科学，恰到好处，既使员工感到有轻微的压力，但又不至于感到压力过大，工作职位稍有挑战性，有助于激励员工奋发进取。

（2）业绩最佳时立即调整

这是一种打破常规的做法。人才成长是有规律的，人的才能增长是有周期性的，通常一个人在一个岗位上工作的时间以三至四年为宜。前三年是优点相加，后三年有可能是缺点相加。因此，经历也是一种财富，与其给庸才不如给人才。适时地调整那些优秀人才的岗位和职位，对于他们不断提高、继续成长大有益处，这是造就复合型人才的有效方法之一。

（3）评选优秀的比例必须达到70%以上

长期以来，许多企业每逢总结评奖时，优秀的比例一般都在30%以内，这种做法似乎成了社会惯例，得到了广泛的认同。就在这样一种社会背景之下，我们发现却有少数单位反其道而行之，并且取得了不错的效果。他们每年年终被评为优秀的人数始终保持在70%以上。经过深入了解后发现，其立论依据是：应当以多数人的行为为正常行为，把70%以上的员工都评为优秀，有利于激励多数警示少数。

（4）实行走动管理

这是西方当前比较流行的一种管理新方法。管理者中较普遍地存在着两种错误的人才观，需要解放思想予以破除：一是凭借地域观念来使用人才。我们说要大胆使用外国人才、吸引外国专家，但有些管理者地域观念过于浓重。譬如，我是甲县人，我就只重用甲县的人才，非甲县的人才不但不用，还要想方设法给他们设置障碍。在这种情况下，不要说重用外国人才、外省人才，就连重用外市、外县人才都做不到。这种做法，显而易见其后患无穷。二是机械地以文凭来判断人才。实际上，他们的才智高低、能力多寡，又岂是凭借一纸文凭就能做简单判断的？因此，管理者一定要破除机械的以文凭论人才的思维。

4.
任用即为信任

在“用人不疑，疑人不用”方面，东汉的开国皇帝刘秀做了一个好榜样。

东汉初期的大将冯异是一位位高权重、功高震主的开国功臣，刘秀建立东汉以后派他率大军镇守西北，以拥护京畿地区。冯异对自己久握兵权、远离朝廷感到不安，担心被刘秀猜忌，于是一再上书，请求回到洛阳。刘秀对冯异的确也不大放心，可西北地区却又离不开冯异。为了解除冯异的顾虑，刘秀便把宋嵩告发他的密信送给冯异。这一招的确高明，既可表明对冯异深信不疑，又暗示了朝廷早有戒备。恩威并用，使冯异连忙上书自表忠心。刘秀这才回书道：“将军之于我，从公义上讲是君臣，从私恩上讲如父子，我还会对你猜忌吗？你又何必担心呢？”

说是不疑，其实还是疑的，有哪一个君主会对臣下真的深信不疑呢？尤其像冯异这样位高权重的大臣，更是国君怀疑的重点人物，他们对告密信的处理只是做出一种状态，表示不疑罢了，而真正的目的，还是给大臣一个暗示：我已经注意你了，你不要轻举妄动。既是拉拢，又是震慑，一箭双雕，手腕可谓高明。

无论管理与经营，凡是不可信任者，都不能用；凡是可用的，就不能怀疑。“疑人不用，用人不疑”，历来被人们视为用人的信条。只有信任，才能让你的下属独立自主地行使职权；你的下属只有有了独立自主的地位，方可充分发挥其各种才能；只有信任，才能赢得人才忠心不渝地献身事业。而有时不得不采取的“用人也疑”、“疑人亦用”的策略，目的却也是与“疑人不用，用人不疑”一致的，且有着殊途同归的意义。“疑人不用，用人不疑”是用人的原则，“用人也疑”、“疑人亦用”是用人的策略，其目的都是为了更好地监督、爱护人才，不断地提升人才的素质，激发人才发挥出更大的能量。

在践行“用人不疑，疑人不用”之道时，我们应该时刻认识到：信任是最好的润滑剂。信任有才能的下属，通过有效授权使其大展其志，最后的效果肯定是“双赢”。

彭渤是一家著名IT公司的总监，他从普通员工一路做到部门经理，再到技术总监，因个性温和，从没经历过人际交往的困扰，与下属的相处一直都很融洽。他坦言：“其实，也没有什么技巧，就是真诚待人，用人不疑。”

彭渤大学刚毕业时，正值IT业蓬勃发展的时期。“我们那时做了很多连上司也没有接触过的事，所以在技术上，上司很信任也很依赖我们。”随着一批批年轻人进入公司，彭渤这批人逐渐担当起了更重的责任，成为项目经理、部门经理。而如今，很多年轻人初入职场常会抱怨被上司“训斥”等，这在彭渤看来，其实可以理解。他认为，这并非是上司或下属的错，在一定程度上说明企业文化不健全。“对于刚入职的人来说，任务艰巨，心理没完全就绪，企业没有良好的导师机制，上司对下属的指责多半是因为对其工作能力不满意所致。”他分析道。

如今，身为公司的副总和技术总监，他的团队中也不乏年轻人。人们都说年轻人任性，不好管理，彭渤却没此感觉。对于团队的信心，与他当初对团队的组建密切相关。在招聘时，彭渤严格把关，除了技术过关外，性格、谈吐、责任感成了非常重要的胜出因素。到了工作岗位，他会经常和下属谈心，一方面从公司的立场来要求下属，另一方面也关注下属个人职业生涯的发展。“每个人在职场中都是过客，要培养下属职业生涯的生存能力。”彭渤恳切地说，“需要有环境使他们认识到自己对公司、同事和领导的承诺。关键是大家相互信任，彼此明了都是为了工作。本着真心去待人，很多事就会迎刃而解。”

用人要坚持诚信任用的原则，做到用人不疑，疑人不用；信者必用，用者必信。对人才要让其充分行使职权，大胆授权工作，对他们敢于放权力、压担子，充分发挥其潜力。

放手使用、用而不疑，是胡雪岩用人的一个重要原则。除了那些关系生意前途的重大决策外，在一些具体的生意事务的运作上，胡雪岩总是让手下人去干，决不随意干预。

有一年，胡庆馀堂负责进货的“阿二”（助理）到东北采购药材。他回来后，药号“阿大”（经理）见人参质次价高，就埋怨他不会办事。阿二以边境有战事之故据理力争，两人一直吵到胡雪岩处。胡雪岩细察详情后，留他们吃饭，并特别向阿二敬酒，感谢他万里奔波，在困难时期采购到大量紧俏药品。饭后，胡雪岩吩咐阿大：“古人云，将在外，军令有所不受。商事如同战事，应当用人不疑。以后凡采购的价格、数量和质量，就由阿二负责，我们就叫阿二为‘进货阿大’。”从此两位阿大各司其职，把生意做得红红火火。

“用人不疑，疑人不用”的典型故事，应该来自于三国，最出色的表现者是刘备，他“弘毅宽厚，知人善任”，从不怀疑忠心耿耿的部下，刘、关、张、赵、诸葛几乎一起谱写了天下亘古传奇。因而，刘备的家业号称是亲情凝聚的典范。关羽，可以放弃一切厚禄，过五关、斩六将，历尽苦难回到刘备的穷困旗下；张飞，可以腥风血雨先打下一块小地盘，等着刘备来做主当家；赵云，可以冒生命危险，抢救刘备的儿子，维护刘备的家庭完整；诸葛亮，受刘备临终重托，“鞠躬尽瘁，死而后已”。刘备管理的基石就是信任感重于亲族。

上司和下属之间很容易产生误解，形成隔阂。一个聪明的领导，常常能以其巧妙的处理，显示自己用人不疑的气度，从而使部下更加忠心地效力于自己。

5.
让员工的优势与劣势有效配合

扬长避短是用人的基本方略。然而，在现实生活中，人的长处和短处并不是绝对的，没有静止不变的长，也没有一成不变的短。在不同的情景和条件下，长与短都会向自己的对立面转化，长的可以变短，短的可以变长。这种长与短互换的规律，是长短辩证关系中最容易被人忽视的一部分。用人的关键并不在于用这个人而不用那个人，而在于怎样使自己的每个下属都能在最适当的位置上发挥最大的潜能。因此，一个开明的管理者应学会容忍下属的缺点，同时积极发掘他们的优点，尝试用长处弥补短处，使每个人都能发挥专长。有人性格倔强，固执己见，但他同时颇有主见，不会随波逐流、轻易附和别人的意见；有人办事缓慢，手里不出活儿，但他同时办事有条有理，踏实细致；有人性格不合群，经常我行我素，但他同时可能有诸多发明创造，甚至硕果累累。管理者的高明之处，就在于短中见长，善用其短。

现代企业中善用人短的企业家也大有人在。

松下电器公司副总经理中尾哲二郎就是松下先生善用人短的例证：中尾原来是由松下公司下属的一个承包厂雇用来的。一次，承包厂的老板对前去视察的松下幸之助说：“这个家伙没用，尽发牢骚，我们这儿的工作他一样也看不上眼，而且尽讲些怪话。”但松下幸之助觉得像中尾这样的人，只要给他换个合适的环境，采取适当的使用方式，爱发牢骚、爱挑剔的毛病有可能变成敢于坚持原则、勇于创新的优点，于是松下幸之助当场就向这位老板表示，愿让中尾进松下公司。中尾进入公司后，在松下幸之助的任用下，果然弱点变成了优点，短处转化为长处，表现出旺盛的创造力，成为松下公司中出类拔萃的人才。我国企业也有这样的例子。听说我国南方有这样一位厂长，他让爱吹毛求疵的人去当产品质量管理员；让谨小慎微的人去当安全生产监督员；让一些斤斤计较的人去参加财务管理；让爱道听途说传播小道消息的人去当信息员；让性情急躁、争强好胜的人去当青年突击队长……结果，这个工厂变消极因素为积极因素，大家各司其职，各尽其力，工厂效益成倍增长。

金无足赤，人无完人。任何人有其长处，就必有其短处。人的长处固然值得发扬，而从人的短处中挖掘出长处，由善用人长发展到善用人短，这是用人的最高境界。长短互换的规律告诉我们，任何时候对任何一个人都不要僵化地看待，不要静止地看待一个人的长处和短处，要积极地创造使短处变长处的条件，同时也要防止长处变短处的情况发生。

此外，领导要做到将善用人之长与善用人之短相统筹起来。善于使用别人的短处，这首先是一种态度，其次是一种能力，是一种方法，需要积极地去通过提高自身素质来实现“使用别人的短处”，达到人的“短处”得到“长用”的目的。

美国有位叫波特的女专家，她善用、巧用人之缺点，从而使她的领导和管理系统化、科学化。她曾请一位心理学家和一位社会学家对其手下的员工进行调查。社会学家的调查结果是：这儿的人有两大类，一类是线性思维的人，他们直来直去，领导叫干什么就干什么；一类是系统思维的人，他们能全面地看问题，很快就能抓住问题的要害，并采取行动。而心理学家的调查结果是：一类是热情的人，一类是吹毛求疵的人。波特夫人综合后，做出了这样的人事安排：让线性思维而又热情的人，去做技术培训人员，因为他们乐于教书，诲人不倦；让线性思维而又爱挑毛病的人，去当警察、保安，因为他们爱管闲事；让系统思维而又热情的人，当领导、顾问，他们一定高瞻远瞩而又埋头苦干；让系统思维而又爱挑毛病的人，去做工头，谁干得好干得坏，都不会瞒过他们的眼睛。这样安排，就做到了各得其所，扬长避短。

领导的重要职责之一是用人。用人的高超之处，不仅在于善用人之长，更在于巧用人之短，因为“金无足赤，人无完人”。领导怎样才能做到善于用人之短呢？

（1）要正确认识下属的优缺点

中医使用的草药都是草。在一般人看来不值分文的草，在专业人员的眼中却是能治病救人的宝贝。俗话说：“不懂是草，懂了是宝。”识人用人也同此理。只有做到知人，才能做到善任，不知人，便不能善用人。知人是用人的前提和基础。作为领导，必须对下属进行全面、客观的了解，正确看待和分析下属的缺点和不足，既要知其长，用其所长，也要知其短，避其所短，巧用其短。对于下属的缺点和毛病，不能一概而论，更不能把缺点和毛病看成是一成不变的东西，必须辩证地、客观地、科学地看待和分析下属的缺点和毛病，如果换一种场合，可能就会变成优点和长处。而这里的关键在于领导是否有能力使缺点和毛病放在该放的地方。领导要树立人人都是人才的意识，做到人尽其才，才尽其用，善于调动各种积极因素，特别是要善于化消极因素为积极因素，从而产生巨大的合力，推动自己的事业向前发展。

（2）要有用人的胆量

作为领导，都愿意使用“完人”，因为使用“完人”不用担风险。作为领导都愿意用人之长，用人所长是常规的用人之道。善于用人之短的领导并不多见。有些领导根本看不到别人的缺点还有积极的、可利用的一面，而是以僵化的形而上学的思维方式看待别人的缺点，把人的缺点看成是一成不变的，是没有任何利用价值的。用人之勇气，要求领导者要敢于冲破各种传统观念和世俗偏见的重重束缚和压力，重用那些在一般人看来有缺点的人。有缺点和短处的人普遍不被领导喜欢。如果对于有缺点和不足的下属不能妥善安排，正确使用，就会使他们成为自己的对立面，这样是不利于事业的发展的。领导艺术的高超之处就在于能够正确认识下属的缺点，在某种场合发挥这些缺点，使这些缺点转化为优点，从而化消极因素为积极因素。许多领导正是因为善于使用人的缺点和短处而取得了成功，但也有许多领导正是由于不善于用人之短，而失去了本来可以得到的支持和力量。

（3）要有用人之短的技巧

用人之短，不仅需要有胆，更要有识。有识就是要对缺点进行分析，区分出哪些缺点是可以转化为优势的，放在哪里才能转化为优势。如果缺乏科学分析，势必造成盲目性，结果会适得其反，事与愿违。员工性格、气质、工作方式方法上的缺点和不足，只要使用得当，通常是可以转化为优点和长处的。不论是急性子，还是慢性子，只要放在适当的位置，都可以发挥其作用，如果放错了位置，就会产生岗位与人的不适应。如果将喜欢挑毛病、吹毛求疵的人派去当质检员，他一定会严格把关，增强产品的合格率；把争强好胜之人派去抓生产任务，他一定会努力超额完成任务，以免被人看笑话；对于墨守成规，谨小慎微，不善创新之人，最好安排他从事规范性的工作。这样就会各得其所，事半功倍了。

6.

互补原则：对人才进行优化组合

在现代社会里，许多工作都需要知识、技能的联合攻关，而不是一个人或一种人就能胜任的。事实证明，如果各种人员搭配得好，协调默契，就会产生最佳效能，产生 1+1>2 的新的力量；如果搭配不好，就会互相扯皮、互相抵消，造成一种力量的内耗。

每个人都有自己的性格、脾气和心理特征，每个人又都有自己的爱好和特长，每个人还有自己的经历和经验。怎样才能使这些人和睦相处、同舟共济而不发生内耗呢？唯一的办法就是用互补原则去协调他们，用一些人的长处去弥补另一些人的短处。互补原则体现在用人的多个方面，如“专业互补”、“知识互补”、“个性互补”、“年龄互补”，只有长短相配，以长济短，形成多种具有互补效应的人才结构，才能调动人们的积极性和创造性。

心理学家认为，人通常对自己缺乏的东西有一种饥渴心理，而对自己所拥有的东西反而不太重视，所以作为一个主管，只要把握员工的这种心理，然后根据其特长安排任务，让他们形成互补优势，这既可以提高工作效率，也迎合了他们的心理。

没有一个人是全才，如果管理者渴望驱遣全才，那么将会无人可用。所以管理者要充分挖掘每个人的潜力，知道每个人的长处和短处，然后再分别加以运用。其实在用人大师的心里，没有一个人会是废人，正如武功高手，不需名贵宝剑，摘花飞叶即可伤人，关键看如何使用它们。

所以，一个成功的管理者应该全面了解员工，包括他们的技能和心理特征，然后优化组合，为我所用。

当前社会中，有一些企业为了表明领导班子“知识化”、“年轻化”，将一批具有名牌大学学历、年富力强的优秀工程技术人员提拔到领导岗位上，结果用的恰恰不是他们的技术长处，而其长处也随着职务的变动难以发挥，不但使企业的技术力量削弱了，管理力量也明显下降了。如何消除企业人才组合的负效果，而产生正效应呢？

首先正视人才所存在的个体差异。人无完人，有的人长于谋，有的人长于断；有的人长于专业技术，有的人长于社交；有的人勤于思考，有的人勤于实干……总之，一个人不可能样样都行，即使是“通才”型的人才，也只不过是精通的专业比别人多一些而已，将某一行业的人才与另一行业人才互换，很可能都会成为工作上的累赘。因此，在企业人才的结合中，应当针对人才个体所存在的种种差异，实现知识优势、能力优势的互补，因才制宜，以长补短，相互协作，以形成大于人才个体能力的总和，从而产生良好的组织效应。如，“曼哈顿工程”原子弹计划是由当时世界科学界的泰斗爱因斯坦提议的，该工程的技术领导人似乎应非他莫属，可是美国政府却选中了一位二流物理学家奥本海默。因为爱因斯坦虽有卓越的科研才能，但缺乏相应的组织协调能力，而奥本海默在科研上虽无法与爱因斯坦相比，但他有出众的组织才能。事实证明这种选择是正确的，几年之后原子弹顺利爆炸了，可以说是爱因斯坦和奥本海默的合理组合才使人类跨入了原子能时代。由此可见，人才组合中人才的知识优势、能力优势互补对一个组织成功所起的重要作用。

在动物界里有些动物之间存在一种奇妙的友好关系，它们互为友邦，相得益彰。比如，印度有一种体壮力大、勇猛无比的犀牛，天生眼小近视，生活很是不方便。恰好有一种叫牛鹭的小鸟，专门“伺候”犀牛，停在它的身上，啄食犀牛皮肤内藏着的寄生虫，这样既填饱了自己的肚子，又清洁了犀牛的身躯，两者之间各得其益，形成了“共生”互补现象。

合理的人才组合还应该讲求年龄、气质上的互补，从而形成最佳的人才整体结构。处于不同年龄阶段的人才各有特色：年轻人精力旺盛，创造力强，开拓精神强，但缺乏经验；老年人阅历广，经验丰富，威信高，但进取意识弱；中年人素质介于二者之间。从人才气质类型看也各有千秋：有的人内向，有的人外向；有的人急躁，有的人温和……根据人才年龄、气质上的差异，在组合中做到各取其所长，补其所短，才能发挥良好的整体效应。

刘曼和易菲是一对工作上的好朋友，这是她们在工作的过程中发现双方可以能力互补后建立起了更深厚的同事关系。她们两个人供职于深圳的深蓝广告设计公司，刘曼负责文案策划，易菲负责图片设计制作。刚开始时，她们各自负责不同客户的广告设计，不久设计总监就发现她们设计作品的思维和风格明显有缺陷。易菲在绘图能力和电脑操作方面比较突出，但是创意方面略显平常；而刘曼刚好相反，创意和整体策划都不错，但在绘图方面的表现力始终不尽如人意。最初她们各自设计的图稿修改了很多次也不能让客户满意，后来设计总监无意中在对两个人的设计进行比较后发现两者之间有互补性，于是，试着让刘曼和易菲对同一个客户资料相互沟通，并且合作完成同一个产品的设计方案。两个人在统一了大体方向后，由刘曼负责整个广告的文案和策划，由易菲进行绘图方式的表达，这样设计出来的作品结合了两个人的优势，创意独特，让人耳目一新，客户几乎未加改动就通过了。从此以后，她们之间就形成了一种特别的工作关系。在不断地合作过程中默契度越来越好，两个人因为出色的工作表现成了公司的知名设计组合，同时也为公司赢得了越来越多的客户。

一个企业的成功固然决定于人才个体的素质，更依赖于合理的人才组合，只有通过人才优化组合，才能保证人才整体结构合理化，从而保证企业经营组织的最佳效能。

7.

注重员工的潜力开发

IBM 公司作为世界最大的计算机制造公司，为激励员工的创新欲望，促进创新成功的进程，在公司内部设立了一系列别出心裁的激励创新人员的制度。制度规定：对有创新成功经历者，不仅授予“IBM 会员资格”，而且还给予 5 年时间和必要的物质支持，从而使其有足够的时间和资金进行创新活动。

IBM 实行的此种激励制度，对于那些优秀的创新者不仅是一种有效的报酬，也是强有力的促进剂，更是一种最经济的创新投资手段。IBM 这样做最大的目的就是对员工的创新精神加以引导，从而辅助和开发其最大潜能。

员工的能力包括两个层次：一是表象能力；二是潜在能力。表象能力是一个人现有的专业技术职能和行政管理职能，而潜在能力则包括一些尚未表现出来的能力，就是人的潜能，这些能力的开发需要以下几个因素：自身具有强烈的吐故纳新的愿望；对外来因素具有一定的整合能力；经过一定的环境影响和外力的诱导而被发掘出来。

关于人的能力的科学研究，目前国际上已取得了累累硕果。其中由创始人 Joe Luft 和 Harry Ingham 联合提出，并从这两个名字中截取而成，命名为“乔哈里窗”，就是一个常被用来研究人的潜能的工具。他们把人的内心世界比作一个窗子，它有四格：公开区、隐藏区、盲区、求知区。对于一个组织中的每个人来说，他目前具有的知识层面只有公开区和隐藏区，公开区是企业或组织中，人人具备的“你知我知”并充分发挥出来的领域；

隐藏区是“我知你不知”，自己具有的能力但还没有充分发挥出来的那部分领域；盲区是“你知我不知”的未知领域（或者说是他知领域）；求知区是我不知你不知的全新领域。处理好这四个区的开发关系，对提高个人的整体素质有着极大的益处。

基于上面的分析，培养下属的方法一般包含如下几方面内容：

（1）先心意，后智能

实际上，只有解决了心意问题，才可能真正解决行为技能问题。

这里的心意问题包括两个主体，首先是管理者本身，我们有培养下属的愿望吗？其次才是下属。有些下属因各种原因不愿意与管理者配合，在接受公司与上司培养方面持消极、懒散态度，这种情况确实存在，需要具体情况具体分析并解决之。管理者的心意问题解决后，才可以考虑到下属的心意问题。而解决下属的心意问题，其关键要点只有一个字，即“诚”。如果管理者在与下属接触过程中都能做到开“诚”布“公”，那么公事如培养下属之类就必定不在话下。

（2）培养下属的内容，即 KASH

K 代表知识，A 代表态度，S 代表技能，H 代表习惯。K 知识可以分享，A 态度可以启发，S 技能可以训练，H 习惯需要慢慢雕琢塑就。

管理者一定要切记：培养下属时绝不能仅仅培养劳动 / 工作技能。因为这样下属可能会态度消极，不配合，导致培养效果大大降低。

总之，管理者所需要做的就是在组织内营造出一种尊重下属、尊重员工的氛围。如果做不到这一点，就需要外力进行修心开智，否则就一定会陷入“源不深而望流之远，根不固而期木之长”的陷阱，如此则企业之危可日见矣。

第五章

管理激励课：自动自发的助力

美国哈佛大学教授詹姆士曾在一篇研究报告中指出：如果没有激励，一个人仅发挥其能力的20%~30%，而在受到充分激励时，其主观能动性可以最大限度地被调动起来，能力则可以发挥到80%~90%。这个数据科学有力地证明了激励的作用不容忽视，激励员工是管理人责无旁贷的任务。

1.
让物质奖励发挥应有的价值

在现代企业管理工作中，对员工给予一定的物质奖励尤其重要。企业的管理者为什么要对员工进行物质奖励呢？很明显，企业对员工的奖励是以鼓励其按照组织经济绩效最大化的原则为目的的，最终还是为了企业的长远发展。也就是说，企业对员工进行奖励是有目的性、有针对性的，最终是希望其能以企业组织所设想的方式行事。企业的奖励政策与企业规章制度构成了一个渠道，员工在这个渠道内去通达企业组织目标及其个人目标。因此，可以说奖励的目的在于激发员工的干劲，最终服务于企业的绩效。

瑞蚨祥是一家北京的老字号，其创始人叫孟鸿升。由于瑞蚨祥百年以来始终坚持“至诚至上、货真价实、言不二价、童叟无欺”的经营宗旨，赢得了消费者的信赖，最终成为一个享誉海内外的中华老字号。瑞蚨祥的成功自然与老板的经营分不开，但是孟鸿升善于应用物质奖励来鼓励员工也是一个重要的原因。孟鸿升运用物质利益激发员工的工作积极性，方式主要有两种：一是红利均沾，二是入股合伙制。对于没有资本的员工，采取年底分红的方式；对于有本钱的员工，采取入股合伙的方式。

对有功劳者，孟鸿升特设一种类似于现在的股票的东西，每年从赢利中抽出一份特别红利，专门奖给对瑞蚨祥有贡献的人。这种股份是永久性的，一直可以拿到本人去世。有一次，瑞蚨祥对面的一排商店失火，火势迅速蔓延，眼看就要扑向瑞蚨祥门前的两块金字招牌。一个名叫吴思的伙计毫不犹豫地用一桶冷水将全身淋湿，快速冲进火场，抢出招牌，他的头发、眉毛都让火烧掉了。孟鸿升闻讯，立即当众宣布给吴思一份功劳股。这个事件对其他伙计的鼓励很大，从此以后，他们对瑞蚨祥的事业更加兢兢业业。

企业的管理者都应该注意到物质奖励的重要性，但是同时也应该警惕，给予下属不合理的物质奖励不但不会有助于工作而且还会适得其反，甚至使工作更糟。

原因就在于奖励变成了另一种形式的惩罚。看看企业的奖励计划吧，奖励的金额变得越来越低，奖励的标准变得越来越高，奖励就已经成为了一种惩罚。这个时候企业内部最容易形成对组织毫无意义的非正式组织，员工会用自己的形式来进行对抗和保护，例如降低产量和减少业务成交量。奖励的作用是激励，而不应当成为一种惩罚，因此在进行奖励计划设计时一定要注意这一点。

要明确一个观点：任何矛盾的产生都是源于利益的冲突。利益是驱动人们采取某些行为方式的一种力量，因此利益的分配、再分配会使团队中的关系变得复杂。

曾经有这样一个案例：一个销售企业的管理者为了使部门内有一种竞争环境，决定在部门内实行竞争管理模式，每个月对销售量最高的人员进行额外的奖励。过去在部门内，由于没有这种竞争模式，因此大家是一个整体，也乐于互相帮助。但是采取了奖励措施后，当有人向团队内的其他人进行求助时，很多人会以种种理由躲避。因为大家都知道如果客户给销售人员打电话，就意味着合同基本可以签订下来了。由于奖励变成竞争，大家都不会转告当事的销售人员，某个客户打电话找他。由此引发的公司客户流失，企业形象受损等情况十分严重。更有甚者，去偷取其他人员的客户资料，甚至在客户面前诋毁自己公司的销售人员。这些都是由于奖励造成了一种竞争，而竞争最后又演变成了一种矛盾，这种奖励措施适得其反，带来了很坏的效果。

2. 重心转向为精神激励

在员工眼里，究竟哪种激励最得人心？用什么方式激励员工能达到老板要求的最佳效果？这一直是萦绕在管理者心头的一个斯芬克斯之谜。

对于一个优秀的企业管理者来说，发奖金当然是年末必做的事情，但是仅靠金钱上的鼓励并不能真正起到鼓舞人心的作用，也无法完美地体现公司的企业文化，只有达到物质奖励和精神鼓励的平衡，员工才会完全信服、全心全意地为之努力效劳。不少公司都非常注重在公司创造一种类似于家庭的氛围，例如不少公司都有一个传统节日叫作“员工家庭日”，这是一个让同事之间联络感情、让员工家属更加理解员工工作的绝好平台。在每年的这个日子里，企业的管理者都会邀请员工的家人或朋友前来一起搞联欢。平时大家工作很忙，8 小时都在努力工作，彼此沟通和交流的机会不多，联欢会能促进友谊和情感；让大家的家属和朋友也参与进来，使他们同样可以感受到集体的其乐融融，以后对公司的工作也会更加理解、更加支持。

在企业组织里，如何调动员工的积极性，给予他们精神奖励有很多方法。首先要做的是表扬员工，满足他们的自尊心。尤其是需要当众表扬，或者单独面对员工口头称赞。

另外在与员工的接触中要注意一些细节，如通过微笑、点头、目光注视进行肢体性赞许；通过赞许性拍掌进行肢体表扬；伸出大拇指进行肢体表扬。记住员工的电子邮件，发送电子邮件给员工进行书面表扬；单独写信给员工进行书面表扬；通过内部刊物对员工进行表扬；通过企业内部公示牌进行表扬；通过张贴表扬信进行表扬；利用文件的形式进行表扬；利用有影响力的报刊杂志刊登进行表扬；利用电视广告、广播、电脑广告进行宣传性表扬。不过要记住，无论是口头表扬还是书面表扬，表扬内容一定要具体，讲究技巧。不然表扬的效果不会很明显，而且会让被表扬的员工觉得老板很虚伪。

美国硅谷的一家著名的高科技公司为我们树立了一个好的榜样。为了充分调动员工的积极性，这家公司将物质奖励和精神奖励相结合，从而使员工将自己的切身利益与整个公司的荣辱联系在一起，最大程度地发挥员工的积极性。该公司有时还会做出一些出人意料的决定，以增强公司的凝聚力。一个员工的名片上有一些蓝颜色镀金边的盾牌，这是他25年工龄荣誉徽章复制图样，同时上边还印着烫金的压缩字：国际商用机器公司，25年的忠诚。这就巧妙地告诉你，公司感激你25年来的努力工作，员工拿着这张名片，可以同认识他的每一个朋友分享这一荣誉。这家公司有个惯例，就是为工作成绩列入前100名的销售人员举行隆重的庆祝活动，而排在前十名的销售人员还会荣获金圈奖。

为了体现这项活动的重要性，选择举办联欢会的地点也很讲究，例如到具有异国情调的夏威夷举行。1986年一个著名电视制片人参加了该公司金圈奖颁奖活动，他说由于公司重视，他们组织的这个活动具有很高的水平，当然，对于那些有幸获得金圈奖的人来说，就更有荣耀感了。有几个金圈奖获得者在他们过去的工作中多次获得这个奖项，因而在颁奖活动期间，分几次放映有关他们本人及家庭的纪录影片，每人约占5分钟，影片质量与制片厂的质量不相上下。颁奖活动的所有动人情景难以用语言描述，特别应指出的是，公司的高层领导自始至终参加，这更能激起人们的热情和荣誉感。

对于公司来说，这件事做起来并不难，但是它在员工的心目中激起的感情波澜却是巨大的，由此可见，该公司在给予员工精神鼓励方面显然很有经验。

物质激励是满足员工的物质需要，精神奖励是给员工以精神上的动力，以满足其心理动因的需要。两者相比，后者有时候发挥的作用往往更大，将二者结合起来，必能相得益彰，发挥神奇的作用。

3.
从指令者变为公司政策的推广者

位于新泽西州的福特汽车公司装备厂赋予该工厂大型车间里的每个人以停止生产线生产的权力——过去只有车间主任才有这样的权力。起初，该工厂被赋予了停产决定权的工人的确行使了自己的权力——他们让车间停产了。

每天200至300秒的停产时间几乎对整个生产效率没有什么影响，但有数据表明，该措施实施的第一个月，汽车的残次品率就从17.1%下降到了0.8%，返工率也下降了97%，工会受理的工人抱怨事件，也从平均每个月两百多件下降到了不到12件。而且，工人的语言和态度也发生了变化。

一位老员工是这样评价这一措施的，他说："这就像有人为我们打开了窗户，使我们可以自由地呼吸了。"另外，一线的工人们也说："管理者不再是管家了，我们可以自己决定自己的工作了，这是令人激动的。"

每个人都是独立的，员工也具有自主要求，希望自作主张，他们不会盲目顺从，也不喜欢他人把一切都安排得妥妥当当，他喜欢自己寻求答案，在这个过程中得到自己价值的实现。因此，管理者应该给予员工充分的空间，而不是束缚，这能够最大程度上激发员工投入工作的热情和力量。

管理学大师彼得·德鲁克指出："人类在21世纪面临的最大挑战就是自我管理……"在如今外部经济、市场环境变化迅速、不确定性风险加大的背景下，企业要想更快更好地发展，就要给予员工自主的要求。给予员工自主的要求，就是告诉员工在他们做有关工作的决定时你充分信任他们、授权他们。

事实上，即使是用同一种方法去做同一件事情，照着别人的指示去做和自己主动想方设法去做，感受也是大不相同的。完全照着上司的指令去做，员工是不太容易有主动性的；相反，若是按照自己的想法自发自觉地去做，那么员工不仅会表现出极其浓厚的兴趣，而且也等于让员工完全处在一种自我实现的精神状态之中。

可见，在企业核心价值观、战略目标的总目标下，让员工各负其责，让员工自行其是，有利于充分释放员工自我成长、自我激励的心理潜能，从而激发员工的工作积极性、主动性与创造性，自觉完成本职工作。

除此之外，自主对员工个人的积极影响还包括：更高的工作满意度；自我创新的意识；长期的个人发展。因为自主可以让员工获得各种益处，有些员工甚至把工作自主提升到可以影响职业生涯规划的一个重要因素，这就更利于员工以主人翁的身份自居，最大限度地强化自己的责任心。

美国作家吉姆·柯林斯在《从优秀到卓越》里写道："卓越的公司设立了一系列的规章制度，你要相信这套制度并使之奏效的管理者和员工。但在制度规定的范围内，他们也给予员工制度框架下的自由和责任，每个人都可以有自己的想法，以与他们的责任一致起来，这就实现了从平庸到优秀，从优秀到卓越。"

同时，美国学者克雷纳和金尼珂在2001年对一家拥有459名员工的玻璃工厂进行研究——通过再设计工作环境提高职员的自主，18个月后测量结果分析发现，变化后的员工不仅增加了工作满意度，而且能够主动地去执行更广泛的任务，这项结果表明，增加员工工作自主权能够作为一项有效激励的策略。

真正的尊重，是能晚点儿上班，拥有良好的福利？是一个咖啡角，一场生日聚会？还是和你说话的平易近人的老板？惠普公司当然都能做到这些，但“尊重”在惠普这里又多了另外一个解释——自由，有迹可循的自由。

惠普前首席执行官卡莉·菲奥莉娜曾这样说过：“我个人要做很多决定，并且要批准他人的很多决定。实际上只有40%的决定是我真正认同的，余下的60%是我有所保存的，员工可以自己决定怎么做。我们的实施部门员工每天做项目、开会、培训，或者讨论的时间，都须由自己通过流程系统的下拉菜单进行选择记录。”

在这种观念下，员工有自由在系统里选择自己的时间和内容，并且可以按照实际情况的需要组合自己的时间，卡莉·菲奥莉娜从不质疑员工在系统里面填的加班时间，当然，员工都会自觉按照实际加班时间在系统里面记录，没有人会把自己的加班时间故意填得长一点，来多领取不菲的加班费。

只要负责人把任务布置下去，至于员工怎么做、什么时间做，是员工的自由——这就是卡莉·菲奥莉娜的领导风格。显然，这是对员工极大的尊重。无疑，这将使员工产生一种“我是主人”的自豪感和骄傲感，进而更能精神饱满、全力以赴地完成工作，为企业贡献自己的忠诚和能量。

管理者再也不是传统的指令人，而成为公司政策推广者的角色。把与工作直接相关的决策和信息下放给员工，怎么做员工可以自主安排，给予员工弹性的工作计划和自我管理，这应该成为一种世界性的管理趋势。

4. 引入恰当的竞争机制

管理者应向下属说明企业竞争力的重要性。强有力的竞争，可以促使员工发挥高效能的作用。因此，在对下属的管理中，引入竞争机制，让每个人都有竞争的意念，并能投入到竞争中，这样组织的活力就不会衰竭。

每个人都有上进心、自尊心，耻于落后。心理科学实验表明，竞争可以增加一个人一半或更多的创造力。竞争是刺激人们上进的有效方法，也是激励员工的最佳手段。没有竞争，就没有活力。没有压力，组织和个人都不能发挥出全部的潜能。

竞争中要注意的问题是规则要科学、合理、公正，要防止不正当竞争，培养团队精神。有些竞争不但不能激励员工，反而挫伤了员工士气。如果优秀者受到揶揄，就是规则出了问题，不足以使人信服。不可否认，竞争确有负面的影响，尤其在员工素质较差时，可能会出现一种无序的恶性竞争或不良竞争，影响企业的发展。但竞争的好处也是显而易见的，利大于弊，领导者还是大胆地鼓励竞争吧！只有平庸的人才害怕竞争。

竞争中任何一点不公正都会使竞争的光环消失，如同一场裁判偏袒一方的足球赛。如企业竞选某一职位，员工知道领导早已内定，还会对竞选感兴趣吗？如进行销售比赛，对完不成任务的员工也给奖，能不挫伤先进员工的积极性吗？失去了公正，竞争就失去了意义，只有公正才能达到竞争的目的。

凡是竞争激烈的地方，大多会发生不正当竞争，如：不再对同事工作给予支持，背后互相攻击、互相拆台；封锁消息、技术、资料；在任何事情上都成为水火不相容的“我们和你们”；采取损害公司整体利益的方法竞争等，这些竞争势必破坏团队精神。企业的成功依赖于全体员工的团结，而不正当的竞争足以毁掉一个组织。

无论你的企业是盈利的还是非盈利的，都必须面对高利润企业的高效率竞争，但是企业内部的竞争若是不当，会变成内耗无穷的纷争，若不及时反省管理原则，企业随时都有可能被这种无谓的内耗拖垮。

为了避免不正当竞争的弊端，第一，要进行团队精神塑造，让大家明白竞争的目标是团队的发展，“内耗”不是竞争的目标；第二，创造一个附有奖励的共同目标，只有团结合作才能达到；第三，对竞争的内容、形式进行改革，剔除能产生彼此对抗、直接影响对方利益的竞争项目；第四，创造或找出一个共同的“敌人”，如另一家同行业的公司，以此淡化、转移员工间的对抗情绪；最后是直接摊牌，立即召见相关人员把问题讲明白，批评彼此暗算、不合作的行为，指出从现在开始，只有合作才能受到奖励，或者批评不正当竞争者，表扬正当竞争者。

5. 参与感：让员工参与到管理中

美国通用食品公司在20世纪70年代初便在一家分厂实行了自我管理制，即将企业管理部门减少到最低限度，把一向属于经理部门的许多特权移交给员工，让员工自己管理，而且是一种“全员参与性的管理”方式，主要方式有三种：

第一种自我管理小组：这种小组的人数3～15人不等。它根据企业有关部门规定的生产指标制定小组的生产指标，员工进行自我控制，自主决定完成任务的方式，达到目标后由企业给予相应的奖励。

第二种质量管理小组：它通常由6～8名生产人员或管理人员自愿组成。这种小组只在车间一级开展活动，每周开一次会议，专门研究和解决工作中遇到的实际问题。这种小组的权力是有限的，一般要先向企业管理部门提出建议，经批准后方可施行。1976年，美国只有10家公司建有质量管理小组，到1981年，建有质量管理小组的企业已发展到两千五百多家。

第三种劳动生产质量小组：这种小组的组织形式和活动方式与质量管理小组几乎相同，也采取自愿参加的原则，由6～8人组成。这种小组一般是在技术顾问的帮助下，首先提出问题，然后寻找解决问题的方案，方案制定后须经企业管理部门审批后，方可付诸实施。但其活动内容更为丰富，包括工人劳动过程中所感受到的精神上的满足。

通过这种“全员参与性的管理”方式，美国通用食品公司的这一分厂在短短一年内就大大地提高了经济效益，这也是其最引以为荣的一项政策。其着眼点，在于让员工“参与”到管理中来。

在当代社会，参与、协作、奉献已成为现代企业员工值得倡导的一种意志状况和思想境界，让员工参与管理，是企业兼顾满足各种个人需求和企业效益发展要求的基本方法，也是强化员工主人翁意识的重要方法之一。

在这里，所谓的参与管理，就是指在不同程度上让员工参加企业的决策过程及各级管理工作，让员工与企业的高层领导者处于平等的地位上，研究和讨论组织中的重大问题，很明显这是一个交流合作的过程。

在企业经营管理活动中，员工参与管理往往会提高员工工作的效率和工作满意度。根据日本公司和美国公司的统计，实施员工参与管理可以大大提高经济效益，一般都可以提高50%以上，有的甚至可以提高一倍至几倍。

让员工参与管理对提高执行力的影响，也早已经被很多实验所证实了。管理学家马洛在哈乌德公司进行了一个这样的实验：

企业要改变工作内容，实验分两组，一个是非参与组，只告知新工作内容的安排，结果产量下降了 35%，9% 的工人离岗，其他人都抱怨工资太低了，六个月后无好转。另一组是参与组，让员工参与讨论为什么要改革，如何进行改革，并且在实际工作中应该如何保证改革正常进行，结果第二天产量就恢复到以前的水平，三个星期后比改革前提高了 14%，无人离岗。实验继续进行。将第一组解散，两个月后以参与方式组织起来，一个星期内超过改革前的水平。

为什么员工参与管理能够提高执行力呢？原因在于，让员工参与到管理中来，其实是一种对员工的信任，真正视他们为企业的主人，这能使员工在某种程度上满足自我实现的需要，感觉到企业的事情和自己息息相关，进而有理由更积极地参与工作，能通情达理地处理与管理者之间的矛盾，从而消除了妨碍生产效率提高的因素。

随着受教育水平的不断提高，员工解决问题的能力逐步提高，他们不但渴望参与到与工作相关的决策中，而且还会非常关注管理者是否为他们创造参与条件，在与自己密切相关的事务上拥有一定的管理权。让员工参与到企业管理中来，是现代管理学所支持的，也是激励员工的理念所提倡的。

让员工参与管理，使他们切实地分享和领会企业的行动纲领、基本途径和实施方式，让员工实实在在地感受到尊重和重视，增强员工的主人翁意识，提高员工的工作积极性，赢得企业和员工共同收益的双赢，这值得发扬光大。

6.

给员工一个美好的愿景

盖房子的时候，建筑师都是先把自己的想法具体地表现在蓝图上，再依照蓝图完成建筑。如果没有建筑师的具体规划，那么整个建设就无法完成。同样的道理，企业在运行时也必须要有一个行动的蓝图，用专业术语说就是愿景。在这里，愿，就是心愿，景就是景象。愿景是人们永远为之奋斗希望达到的图景，概括了未来目标、使命及核心价值，是愿望实现以后伴随而来的美好景象。

既然愿景是最终希望实现的图景，那么愿景就能让我们在行动之前有所准备，并接近我们所需要的，远离我们不需要的。愿景能够给我们带来力量，激励我们去争取自己真正渴望的东西。正如已故的管理大师彼得·德鲁克所说："预见未来的最好方式就是在大脑中先创造一个未来。"

一个优秀的管理者，一定是一个善于描绘未来的人，一定是一个善于用企业愿景激励员工的人。因此，管理者激励员工的一个重要方法就是在未来愿景上下功夫，能够将大家所期待的未来愿景着上鲜丽的色彩，并用充满自信且热情洋溢的话语，向员工描述企业广阔的发展空间。

当员工了解到企业的优势和发展目标及企业的美好前景后，他们在做决策的时候，脑子里会有明晰的最终结果，而且对下一步该做什么也将变得清晰了。在这种文化氛围下，员工就可以做出明智的选择，并且激发出工作热情和实现目标的强烈渴望，全力以赴地朝着愿景前进，最终达成目标。

当年为打败严重威胁法国安全的欧洲反动联盟，在进攻意大利之前，拿破仑还不忘鼓舞全军的士气。他说："我将带领大家到世界上最肥美的平原去，那里有名誉、光荣、富贵在等着大家。”拿破仑很正确地抓住士兵们的期待，将一个美好的未来愿景展现在他们的面前，以鼓舞他们的斗志。

关于愿景的重要性，一本著作上也给出了这样的解释：“愿景，目前已经成为企业领导者所必须的一种职业期许，企业领导者具备了并树立自己的愿景，才能让员工更好地得到一种发展的设想与空间，才能更好地建立团队稳定性与战斗力，从一定程度上延长团队寿命！”

《领导力》一书里有一句类似的话：“领导者就是贩卖希望的商人。只不过他卖的不是一般的商品，而是希望！他们与下属的关系很明显：我把希望给你，你把支持给我。不管是国家领导人还是企业领导人，一个成功的团队领袖，首先就要是个伟大的造梦者，依靠梦想来引导大家前进。”

通俗地讲，一个普通的上班族，其最大愿望无非是追求物质上的满足，衣食住行的高档消费品、可靠的红利及带薪假期等就是他所期待的愿景。愿景是一个打工者奋斗的动力，是促使其努力工作的兴奋剂。一个成功的管理者要做到，把未来的愿景说给员工听，让员工相信“跟着领导有饼吃”。

不可否认，愿景在本质上是一种看不见摸不着的企业文化，但是一个强有力、形象生动的美好愿景对员工的激励作用不容低估。员工越了解公司未来的愿景，归属感越强，公司就越有向心力。

那么，管理者该如何向员工描绘愿景呢？

（1）重视员工对愿景的看法

作为企业的领头人，管理者必须明确要把团队带到哪里去。不论你最初是如何起草愿景的，重要的是你先要得到员工对愿景的看法和相关信息，只有这样才能运用团队成员的知识和技巧，从而创造出真正激励人心的最佳愿景。

为此，你可以问员工以下几个问题：“这个愿景令人感到激动和鼓舞吗？”“这个愿景对你有指导意义吗？”“你愿意为具有这样愿景的组织工作吗？”“你能看到你与愿景的契合点吗？”“这个愿景会帮助你确立工作的优先顺序吗？”“我们还遗漏了什么？我们应该去掉什么？”……

（2）愿景必须要明确具体

一场长跑，是需要一米一米地往前跑的，而长跑运动中需要有分阶段的目标和供给。每一个愿景都是堪称伟大的，都不是一蹴而就的，正因如此，将愿景进行分解就更显其必要性。因此，领导者不但要为员工描绘美好的愿景，而且要保证愿景必须是明确的，要干什么，达到什么程度，都要清清楚楚。愿景必须是具体的，用什么办法去达到，什么时候达到，要明明白白。把愿景和实实在在的工作结合起来，员工知道自己在做什么，也知道为什么要这样做，他们自然就会毫无疑惑地追随。

不断地向员工展示企业发展的宏伟蓝图，让员工对企业前途充满信心，是松下先生的重要管理谋略。早在 1932 年，松下幸之助在向企业员工演讲使命感的时候，就曾描绘了一个在 250 年内达成使命的愿景。其内容是：把 250 年分成十个时间段，第一个时段的 25 年，再分成 3 期，第一期的 10 年是致力于建设的时代；第二期的 10 年继续建设，并努力活动，称“活动时代”；第三期的 5 年，一边继续活动，一边以这些建设的设施和活动的成果贡献于社会，称“贡献时代”。第一时间段以后的 25 年，是下一代继续努力的时代，同样要建设、活动、贡献。如此一代一代地传下去，直到第十个时间段，也就是 250 年以后，世间将不再有贫穷，而是变成一片繁荣富庶的乐土。

松下的这种具体而详细的规划，让每个员工都拥有了灿烂辉煌的梦想，使员工对企业前途充满了信心，从而提高了他们的工作热情和积极性，提高了工作效率，促进了企业的快速发展。其作用是不可估量的。

松下为员工描绘的未来愿景，可以说是绝无仅有的，不仅在企业界未有先例，就是那些赫赫有名的政治改革家，也没有多少人有这样宏伟的规划。难能可贵的是，时至今日，可以说他的愿景正在一步一步实现着。

（3）领导者应身体力行

一个团队或一个部门，犹如一艘航行于大海中的轮船，作为这艘船的领导者，应成为何种角色，是船长还是舵手，是摆在每一位管理者面前的问题。因此，为了共同愿景的实现，管理者必须身先士卒、身体力行，发挥“头雁”的作用。而且，对于管理者来说，这个共同愿景也应该是你的个人愿景，而且管理者的个人愿景在共同愿景中占有很大的地位，这就更需要身体力行，进而激励员工行动了。

如果没有希望和愿景，人心就散了，队伍就不好带了。企业的管理者就是要给员工描绘一幅美好愿景，让大家朝着这个方向迈进。如果你不能给员工带来希望和愿景，你就不是一个好的带队者，队伍迟早要垮，或者，你被人取代。

7.
提供施展员工能力的机会

对员工要抱以最高的期望，让他们充满信心地去迎接挑战。所以，如果你是一名管理者，那就请你给每位员工一个展示才华的机会吧！

不要低估任何一个人，给他们一个机会，为其注入成功的催化剂，这样，每个人都会获益。但是也要记住：你不是生活在一个理想的世界里，总有一些人会拼命地整垮你，因此你要尽力去网罗那些最优秀的人，为你所用。要创造出一个良好的工作环境，奖励那些工作出色并忠于你和你的公司的优秀人才。对人高标准、严要求，这样他们就会发奋图强。每个人都会犯错，当他们犯错时，不要太严厉，对于那些想要做得更好的人，永远都要记得给他们机会。

个人自己能做的事情是有限的，如果要在生命中成就真正的大事业，必须有人来帮助你。能否拥有最优秀的人才，是决定你事业成败的关键。你必须小心谨慎，保证避开那些最差劲的人、引进最优秀的人才。

近几年，有些企业发展速度很快，公司的组织结构逐渐复杂，也就出现了许多中层。管理专家认为，中层是企业的核心人才，是承上启下的中坚力量，充分调动他们的积极性，可以带活整个企业的管理工作。因此在员工管理方面，重点应是对中层的管理，在一定程度上，管好了他们，就等于管好了整个企业。

首先，对中层要实行目标管理，使他们明确自己工作的方向。并且，要为中层提供一个公平竞争的机会。有人曾经在一家公司对中层做过问卷调查，原来以为大家可能对报酬太低意见最大，结果在“影响中层积极性发挥的因素”这个多项选择题里面，有 58.2% 的人选择了“对于业绩不佳、平庸无能的中层，公司没有进行及时惩戒或罢免”这一项；有 43.6% 的人认为“任用的制度和做法不公正”；有 39.5% 的人认为“对于贡献突出、业绩卓著的中层，公司缺少表彰和奖励”；有 34% 的人认为“能上不能下”，“得不到应有的报酬”。

GE 公司非常重视对中层的绩效考核。每年 4 ~ 5 月开年会时，最高领导会前往 GE 的 12 个业务部门，对公司的 3000 名高级经理（实际上也就是 GE 的中层管理）进行现场评审工作，对最高层的 500 名主管则进行严格的审查。会议评审从早 8 点开始，晚上 10 点结束，业务部的 CEO 及高级人力资源部的经理参加评审。这种紧张的评审能使这些部门的管理者识别出未来的领导者，制订出所有关键岗位的继任计划，决定哪些有潜质的经理送到 GE 的培训中心接受领导才能的培训。

一个企业的激励机制跟评价体制有关，评价体制跟职责界定有关，职责界定又跟企业流程有关，而流程最终是组织结构问题。企业的组织结构应该是规范和科学的，这样产生的分配机制才是合理和有效的。

第六章

管理授权课：培养一群可以解决问题的人

任何经理人都不得不承认，无论自己多么能干或精力多么旺盛，都不可能每一件事情都事必躬亲地处理。授权对于管理者来说，不是“能不能”的问题，而是“愿不愿”和“会不会”的问题。培养一群可以解决问题的人，而不是自己解决所有问题，这就是授权的目标。

1.
如何解决授权的信任危机

授权是一种有效的领导方法，然而，一些企业的老板却不清楚如何正确使用。时常听他们大发感慨：随着企业业务量的增长，团队越来越膨胀，需要应付的事务越来越多，因此越来越感到精力不济、力不从心，随着竞争的加剧，越来越意识到专业化操盘手的重要性，这是保证业务持续增长和公司良性发展的基础。但是，许多企业管理者不懂得授权是基于一种充分信赖的心态，对自己也对他人信赖。因此，令他们最感到头痛的不是选择职业经理人的问题，而是聘用了职业经理人后授权的信任问题！因为对缺乏信赖的人一般不会采取授权的领导方式，而是将权柄牢牢抓在自己手中。

为了解决授权的信任危机，或授权后的信任问题，关键的一点是要使企业的管理者知道：授权必须有效！所谓“有效”在于授权者有正确的策略，既相信被授权者的品格与能力，又相信自己能够处理授权带来的所有问题和任何意外，归根结底，就是实现授权者对自己的信赖。

选用职业经理人，提拔企业内的高级管理者，都要以信任为第一要素。选聘人才时，首先不应考虑的是这个人与自己的关系亲疏问题。关系近则优先考虑，关系远则靠边排队，这样不利于企业发展。虽然用人时考虑信任问题无可厚非，但不能将信任作为唯一要素，在信任关系建立后，应考虑到其对企业影响甚大的职业操守、工作态度、工作能力等问题，否则只会对企业发展造成负面影响，从而事与愿违。授权是为了选拔人才、培养人才，大胆使用专业管理者是为了增加创新成果的可能性。

有不少企业为了摆脱家庭式管理，也聘用职业经理人。但引进职业经理人后，官职可以给，金钱可以给，但是审批权却丝毫不给，属于典型的“给官给钱但不给权”。大部分企业在选择职业经理人时，首先想到的是：既然企业花了很高的代价引进职业经理人，所引进的人才就应该是其职业背景越资深越好，操盘能力越高强越好。殊不知，大脚不能穿小鞋，小脚也不能穿大鞋，它会造成脚累，也是对鞋的一种浪费。对于职业经理人而言，与职位相对应的审批权、决断权是其开展工作的最基本需要，只有官位但没有实权的职业经理人在实践中不可能发挥作用。

这里要明白聘用职业经理人的目的。一般来说企业聘用职业经理人的目的是为了企业的长足发展，因此，要克服聘用职业经理人只以短期请师傅为目的的想法。若如此，聘用职业经理人则形同请咨询公司，只期望能从职业经理人那里得到一些新的点子或策略，并没有长期合作的想法。由于聘用职业经理人的成本要远比请咨询来得低，因此就假借聘请职业经理人之名行开拓眼界之实。殊不知现在的企业竞争已经到了系统竞争阶段，单靠从师傅那里学来的一招两式根本无助于企业的发展。

此外，企业要做到有效授权，就要解决信任以外的授权危机。否则，无效授权会浪费资源和时间，甚至可能产生风险，形成危机。

有效授权不等于放权，并不是说将权力授给其他人后，授权者撒手不管或者对局面失去控制与把握，如若那样，则不是有效授权，而是盲目放权，这可能给企业带来混乱。因此需要在授权的同时，建立严格的监督机制，以检视权力运作情况，从而使授权更加有效。

有效授权也不同于委派，委派是以命令和说服为主，只是委派任务和目标，对方的责任不强，也缺乏主动性。有效授权的核心是授予对方责任和主动权，让被授权者有创造的空间，能采用自己的方法去完成目标。

英特尔公司十分注意对员工进行授权。在他们看来，授权者和被授权者必须共享信息。因为只有授权进行得很有效时，它才会起到较强的杠杆作用，而较弱的杠杆效果只会造成主管只死守所有工作而不懂得分配工作。

前总裁格鲁夫认为，主管把自己喜欢的工作分配出去，可以更加得心应手地对这些分配出去的任务进行监督，并确保它们按计划执行。

在英特尔的日常管理中，处处都体现了授权所带来的好处。格鲁夫将这一点形象地比喻为：一个经理应当持有项目原材料方面的存贷，这些存贷应当由你需要但不是马上完成的东西组成。实践证明，要是没有这些存贷，经理们就会无所事事，从而在百无聊赖之际去干涉下属的工作。这样的结果是可怕的，员工们的积极性和创造性将会受到重创。所以，格鲁夫认为：对于一个经理或是主管来说，保证适度放权，并花一定的时间去协调员工之间的关系，同时在适当的时候加以督导，那么下属就会及时调整工作状况，这种局面非常有利于公司的高效运作。

授权是一个双向过程，是有效地将一部分工作转交给他人，需要双方互相信赖与沟通。通过有效授权，授权者将庞大的企业目标轻松地分解到不同人身上，同时将责任过渡给更多的人共同承担，让团队每一个职员更加有目标、更加负责任、更加投入、更有创造性地工作，产生“四两拨千斤”的巨大效果和“九牛爬坡，个个出力”的协作精神。只有这样才能达到授权的目的。

近年来，全球企业正经历着一场转折，即以前的家族式企业中一人独裁的集中控制方式逐渐被分权和授权的方式所取代，随着企业规模的迅速扩大和全球化战略的实行，公司的管理者统管一切的方式不仅在方法上是行不通的，而且对公司的成长也是有害的。适当的授权能使下属更加积极地参与到企业的运作和管理上来，从而有利于增强企业的竞争力。例如，松下电器的创始人松下幸之助的话就很耐人寻味：“授权可以让未来规模更大的企业仍然保持小企业的活力；同时也可以为公司培养出发展所必需的大批出色的经营管理人才。”有了这些人才，企业的发展才会如虎添翼，进而取得更大的成功。

2. 通过合理授权留住优秀人才

合理的授权可以使领导者摆脱能够由下属完成的日常任务，自己专心处理重大决策问题，这还有助于培养下属的工作能力，有利于提高士气。授权是否合理是区分领导者才能高低的重要标志，正如韩非子所说的那样“下君尽己之能，中君尽人之力，上君尽人之智”。领导者要成为“上君”，就必须对下属进行合理的授权。成功的企业管理者都熟谙授权之道。

詹森维尔公司是一个美国式家族企业，规模不大，但自从1985年下放权力以来，企业发展相当迅速。CEO斯达尔的体会是：“权力要下放才行。一把抓的控制方式是一种错误，最好的控制来自人们的自制。”

斯达尔下放权力的主要手段是由现场工作人员来制定预算。刚开始时，整个预算过程是在公司财务人员的指导下完成的。后来，现场工作人员学会了预算，财务人员就只是把把关了。在自行制定的预算指导下，工作人员自己设计生产线。需要添置新设备时，他们会在报告上附上一份自己完成的资金流量分析，以证实设备添置的可行性。

为了让每一位员工更有权力，斯达尔撤销了人事部门，成立了“终身学习人才开发部”，支持每一位员工为自己的梦想而奋斗。每年向员工发放学习津贴，对学有成效的员工，公司还发给奖学金。自从实行权力下放以来，公司的经营形势十分好，销售额每年递增15%。

建立一个与有效授权相配套的授权机制，营造一个与有效授权相适应的授权氛围，是企业管理者进行有效授权并留住人才的一种方式。有效授权，给员工足够的空间去想象，可以充分发掘员工的潜能，激发员工自我负责的精神，从而实现授权的意义和企业的目标。

甲骨文公司通过给各层级的员工必要的自主权，让他们对自己的岗位承担责任。如，一位整合产品部经理在22岁时就有足够的权责去影响公司的总业务收入(一般公司要等到35岁甚至40岁左右才拥有这种影响力)。他不仅可以决策、掌握客户信息、进行产品发布、管理研发人员，而且还可以管理一切和他的工作有关的各种事务流程。甲骨文公司只是为每个员工提供一个可以施展才华的空间，在这个空间里所有的一切都需要员工自己去创造，需要他们对自己的工作负责。另外，还要有负责任的上级管理者以确保员工不会有越权行为。在这种基础上，甲骨文公司和所有美国大企业一样从管理体制上给员工上进的空间，从制度上吸引和留住优秀员工。

因此，要想取得有效授权的果实，留住企业的优秀员工，就必须先给予员工良好的授权氛围。通过建立起完善的内部授权机制，搭建起良好的授权氛围，才可能实现营造员工自由发展的个人空间的目的。

授权并非一蹴可成，不能说一句“这件事交给你”就以为完成了授权。授权一事需要授权者和被授权者双方密切地合作，彼此态度诚恳，相互沟通了解。在授权时，授权者必须有心理准备，明确授予下属完成任务所享有的权力和责任，使他完全理解自己的任务、权力和责任。在此基础上，还要让被授权者按照他自己的方式处事，不要随意干涉，并且随时给予扶持。此外，合理的授权并非对下属放任自流、撒手不管。授权者要保留监督的权利，当授权者出现不可原谅的错误时，随时取消他的授权资格。

合理的授权，有利于调动下属的工作积极性、主动性和创造性，激发下属的工作情绪，发挥其才干，使上级领导的思想意图为群体成员所接受。善于授权的企业经理能够创造一种“领导气候”，使下属在此“气候”中自愿从事富有挑战性的工作。授权还可以发现人才、利用人才、锻炼人才，使企业出现朝气蓬勃、生龙活虎的局面。

领导者应告诫自己：领导者权力运用的最佳手段是抑制而不是放纵自己的权力，且职位越高越应如此。管理者是带领下属完成目标的人，是最大限度挖掘和调动下属积极性的人，而不是通过仅仅依靠个人能力实现目标的人。既然已经授权给了下属，就要相信自己的眼光，相信他能把工作做好。

一个成功的领导者可以定义为：最大限度地利用其下属的能力，并全力支持而不是干涉下属。权力的适当下移，会使权力重心更接近基层，更容易激发下属的工作热情。大量的实践证明，领导者抑制自己干涉的冲动反而更容易使下属完成任务，同时这也是区分将才和帅才的重要标志之一。

在希尔顿的旅馆王国之中，许多高级职员都是从基层逐步提拔上来的。由于他们都有丰富的经验，所以经营管理非常出色。希尔顿对提升的每一个人都十分信任，放手让他们在各自的工作中发挥其聪明才智，大胆负责地工作。如果他们之中有人犯了错误，他常常单独把他们叫到办公室，先鼓励安慰一番，告诉他们工作中难免会出错。然后，再帮助他们客观地分析错误的原因，并一同研究解决问题的办法。他之所以对下属犯错误采取宽容的态度，是因为他懂得只要企业的高层领导特别是总经理和董事会的决策是正确的，员工犯些小错误是不会影响大局的。如果一味地指责，反而会打击一部分人的工作积极性，从根本上动摇企业的根基。希尔顿的处事原则，是使手下的所有管理人员都对自己信赖、忠诚，对工作兢兢业业，认真负责。

正是由于希尔顿对下属的信任、尊重和宽容，公司上下充满了和谐的气氛，创造了一种轻松愉快的工作环境。希尔顿在经营管理中拥有两大法宝——团队精神和微笑，正是这两大法宝，铸就了希尔顿事业的辉煌。

3.

有效授权的三个核心

解决信任以外的授权危机，达到有效授权，首先要建设良性的企业文化。企业不管大小，都应该有自己独具特色的文化，而良性的企业文化是企业团队成长的土壤。若能建立并逐步完善企业文化，则会使企业的员工真正融入其中。新员工在选择企业时，若能够融入企业文化，自然会和企业内部通行的行为规则保持一致的步伐；不能融入企业文化的就会自然地退出或被淘汰，此时即使有部分浑水摸鱼者也会成为不能被团队所接受的异类。这种良性的企业文化会自然地帮助管理者提升信任系数。

其次，构建合理的内部管理体制。在企业内，从高层、中层到基层的组织结构、决策程序、岗位分工与描述、人员职责定位、工作流程、绩效考核（包括工作分析、KPI 设定、考核组织、考核办法及实施、奖惩机制等）等“软件”都是内部管理体制的组成部分。合理的内部管理体制是保证企业良性运转的基础。不同职位、不同级别的经理人，都有与其职位所对应的职责权限。总之，制度是根据需要由企业制定的，有了合理、完善的制度，就为跑、冒、滴、漏情况的发生提供了有法可依的保障，制度的执行又有考核体系的保障，考核体系后又有奖惩体系的保障。这样在一个完善的内部管理体制下面，自然会省去老板只凭感觉来判断能否信任的麻烦，而且也增加了许多科学合理的评价标准。

最后，也是最关键的一点就是企业的管理者要具备非常理性、客观的“得”与“失”评判水平和胸怀。也就是说企业管理者具有一种宽广的胸怀和先谋定而后动的眼光至关重要。企业管理者在用人方面也同样存在着大智慧者算大账，小智慧者算小账的区别。企业以高薪聘请了总经理，一段时间内使企业的营业额有了提升，达到或超额完成了老板的预期目标。此时即使职业经理犯了一些错误或给企业造成了一定程度的损失，但只要他所犯的错误不是原则性的，企业管理者就要继续以一种包容的胸怀去积极支持他的工作。这样做可以实实在在稳定职业经理的人心。

作为一名管理者，掌握好授权技巧，对于工作的开展是非常重要的，如果管理者能够完成任务同时又能享受其中乐趣那是最好不过的。合理的授权有助于完成任务和享受工作，这主要包括两个方面。

（1）将什么事情授权

你没时间做的事。预计每项你必须做的任务将要花费的时间，如果正常来说是半小时，就加到一小时，留出合理的工作步伐、打断和花在收集资料上的时间。如果发现你不能按时完成每一件事，就选择其他能完成任务的人委派出去。

别人能做得更好的事。有时，管理者会抓住一项任务不放，尽管他人可能会做得更好或更快，这种控制最后可能得不到最好的产品。将任务转交他人并非承认我们自己的能力或智慧不足，相反，在了解和利用自己的强项时，就会表现出你犀利的洞察力。

他人为了积累专业经验而必须做的事。当然，通常你会比下属或助理干得更快更好，但为了让下属或助理提高专业水平，可能要将工作交由他们去做。而且，随着你不断晋升，将享受到将任务委派他人而来的自由感。认识这点，尽管你一直做着一项具体工作（而且做得相当不错），抽出时间教会别人，长期来看，这是值得的。

（2）如何授权才好

详述你期望的结果。这样会避免你在任务结束时收到一个不想要的结果。别以为他人与你的想法会一样，将你的想法写成文字是个好提议；与你有权委派的人互相交换备忘录是确保达成共识的一条途径。

要定立明确的限期。然而，不要说：“到……时候这件事要完成。”试试说："你能在什么时候完成呢？"要让受委派人拥有与任务有关的权力和选择。

如果受委派人定的限期不够快，你可以提出："可不可以快点完成？"让受委派人继续有权选择。然而这样的询问取得的期限也可能比你定的更早。

提供权力、途径和支持。委派的不单是任务，还有执行任务的权力。要告诉其他人，受委派者有权在这个项目上代表你，并要求他人给予合作和提供信息。

评估结果，而非过程。不同的方法可以达到同一目标。他人的思路与你的不同，并不等于是错的。小心别控制他人采用的方法，而是评估结果，看看是否符合你定的目标。这不是说看到错误不能提供辅助或信息，只是别因为太快介入而搅乱了他人学习的过程。

确保你随时准备跟进。你仍然拥有最终的权力和对该项目的最终审核权。无论你委派的是简单还是复杂的任务，若你没有对完成了的项目给予最后肯定，就会浪费所有人的时间和努力。不做最后跟进表示对你委派他人的任务态度冷漠，这会降低你的信誉并增加他人不将你的要求认真对待的机会。你的跟进方法可以简单如一个"备忘本"，何种方法并不重要，最重要是有效。建设良性的企业文化、构建合理的内部管理体制、具备非常理性客观的"得""失"评判标准和胸怀是掌握有效授权的三个核心步骤，也是最终实现双赢效应的三个安全保障。

选好授权对象。事有"本末"、"轻重"、"缓急"，舍本而逐末，当然就不得要领了。管理是什么？管理是抓事情的"本末"、"轻重"、"缓急"。在任何单位的工作中，不仅有着各项重大任务，而且有许多事务性工作。有些事情非常紧急，迫在眉睫，必须当机立断，及时去办；有些事情忽然来到，不办不行，必须妥善安排；有些事情必须上下结合，共同去办。

在如何分清轻重缓急、对症下药方面，有一个很有趣的故事可供大家参考：

有一天动物园的管理员们发现袋鼠从笼子里跑出来了，开会讨论后，一致认为是笼子的高度过低。于是，他们决定将笼子的高度由原来的十公尺加高到20公尺。结果第二天袋鼠还是跑了出来，他们再次决定将高度加高到30公尺。没想到隔天居然又看到袋鼠全跑到了外面，管理员们大为紧张，又一次决定将笼子的高度加高到100公尺。一天长颈鹿和几只袋鼠们在闲聊，“你们看，这些人会不会再继续加高你们的笼子？”长颈鹿问。“很难说……”袋鼠说，“如果他们再继续忘记关门的话！”

作为管理者，不可能也没有能力去总揽各项事务。授权也是一样，必须按照急缓程度把工作交由下属去办。权力授给谁，管理者首先要考虑这个问题。而且，在做出决定之前，必须考虑很多因素，这里着重讲的是授权对象愿不愿意接受领导者授予的权力。下级对领导者授予的权力并非都会欣然接受。应当明白，下属也是人各有志，不可勉强，领导者勉强授权，很难取得成，这就需要管理者把权力授予愿意接受权力的人。

管理者应注意授权对象的承接力和如何把握适合的时间策略，如果你想要授权有效和体现出成果，必须经过精挑细选，被选中的员工应具备以下素质：有职业道德，善于灵活机智地完成任务，有自我开创能力及协调与合作精神，善于思考，而且要具备一定的传帮带能力。

选择一个正确的授权对象是授权的关键一步，领导者应该将权力授予那些品德好、有能力的人。这就要求领导者在授权之前要对被授权对象进行细致的考察，包括其特点、强项、弱势等在内的都应该了如指掌。

选准对象，视能授权。孔明伐北，街亭失守，过不在马谡，而在于孔明弃魏延而用马谡为先锋，是授权者选择对象不当所致。在选择授权对象时一定要坚持德才兼备的原则。既要考察授权对象的政治素质，又要考察授权对象的实际才能。有德无才难担重任，有才无德贻误事业，两者不可偏废。选定授权对象后，应注意根据其能力大小和个性特征适当授权。对于能力相对较强的人，宜多授一些权力，这样既可将事办好，又能培养锻炼人；对于能力相对较弱的人，不宜一下子授予重权，以免出现大的失误；对于性格明显外倾性的人宜授权让他们解决人际关系及部门之间沟通协调的事情；对于性格明显内倾性的人宜授权他们分析和研究某些具体问题；对于黏液质和抑郁质的人宜授权让他们处理带有持久性、细致性、严谨性的工作。

选择授权对象就是安排合适的人做合适的事情，合适的人是指适合该事情的唯一人选，事情做好了功劳都属于他，出了问题，授权对象就是唯一的需要对事情负完全责任的人。要注意的是，在选择授权对象时，一定要有唯一性，否则大家都有尚方宝剑，情况将会变得糟糕，出了问题找不到负责的人。

4. 授权计划是有效授权的起始点

计划对于授权至关重要。有效授权需要合理计划，计划是有效授权的保证。只有制订合理的授权计划，员工才能更好地理解授权的目的和企业的目标，并全身心投入到工作中。比如，北美最大的天然气资源公司美国阿莫科公司就是通过授权经营而取得成功的例子。阿莫科公司通过授权计划，首先会给项目经理正式的授权书，给予他们行政管理权、财务权、技术处理权。其次，项目经理依次对下面的分项经理予以授权。在此基础上，分项目经理会给每一个项目成员具体的岗位描述，界定权力和职责。通过计划授权的实施，使员工的权利和义务得以平衡。

因此，有效授权必须要有一个合理的授权计划作为后盾，为授权而制订计划是有效授权得以实施的保证。如果授权无计划，难免会失败。因为没有计划的授权，会使员工茫然，不知所措。事实证明，没有计划的授权就像没有计划的人生，没有方向，最后只能随波逐流。

被授权的员工在完成任务的过程中，管理者必须在计划范围内给予员工一定的授权，包括资源、经费、人员以及了解信息等方面。但是管理者要清楚，当你把权力授予下属时，并不意味着任务完成的成败与你无关，管理者永远都是最终的责任者。

管理者要认识到并不是什么事情都可以授权给下属的，不可授权的事情一定不能让别人去代劳。比如，绩效考核、人事调整、制定预算以及一些机密的工作等。连你自己都不清楚的事情也不要去授权给别人。

要有分寸，防止“弃权”。管理者所拥有的决策权、人事权、指挥权、监督权，在任何时候都不能放弃，否则管理者将被“架空”，管理会失去控制。明朝皇帝朱由检把大权交给了奸臣魏忠贤，每当魏忠贤问他事时，他总是说：“你看着办吧，怎么办都行！”结果导致了魏忠贤遍设锦衣卫，肆无忌惮地乱杀重臣名将，造成了大批冤狱。

管理者在对下级进行授权的过程中一定要把握好适度原则，切记不可发生如下情形。

（1）琐碎小事让下级负责

管理者授予下属的权力一定要是实权，且必须具有重要性。授权是为了完成某项重要的工作，并非什么小事都让下级代办。所以在工作中必须防止上下级之间由于关系过好，上级的私事小事经常让下属负责，使下级变成了秘书，使属下滋生“大事没我，小事归我”的怀疑心理，从而对工作失去积极性。

（2）授予权限不当

“度能授权”是管理者必须掌握的一个重要技巧，权力的授予必须有一个度的范围，超过了这个度，会导致工作中的瞎指挥现象，进程杂乱无章，失去控制，对原本自己不熟悉的事情也指手画脚，乱出主意。权力如果没有达到这个度，那就等于没有被授予，会导致自己忙内忙外，工作积极性受挫。

（3）权力随意收回

在授予下属权力之前，一定要深思熟虑，合理安排，切忌由于考虑不周而随意收回权力。权力的授予，是上级对下级的一种信任，应当充分相信下属的能力，放手让他全权处理该任务中的各项问题。平时如果不注意培养下属的工作能力，一旦有突发任务，贸然让下属顶上，发现其经验能力不足后又马上将其撤下，这不仅是对上级本身能力的一种否定，也是对下属自信心的打击，这是授权中必须非常谨慎处理的问题之一。

（4）权限界定不清

许多领导因为事务缠身，对授权过程不重视，就是一句话："这件事交给你处理了。"其实，这是一种不负责任的授权方式，说了等于没有说。当下属遇到大事，超越了平时的权力范围时便会不知所措，又不敢再问上级，工作结束后，与上级想要的结果大相径庭，又会被上级责备遇事不问。其实，这样的事情在现实中经常发生，原因不是下属的能力有问题，而是上级在授权时没有将权力的边界界定清楚。一个工作任务和目标都不明确的授权，也就失去了存在的意义。

（5）害怕承担责任与竞争

失败乃成功之母，畏惧失败的人将永远无法体会成功的喜悦。许多管理者在授权时经常考虑到如果下属出错后，自己要承担责任而不愿意授权，或者害怕下属在出色完成任务后功高盖主反夺其位。认为下属承担的责任越大，所做工作越多，取得的成就就越可能超越自己，在企业中的声望、权力就会扩大，造成对自己的威胁，因而不愿意将权力授予下属。

权力的授予是一门综合性很强的艺术，授权过程中涉及各方面的内容也比较多，管理者把握了授权的本质要点，便可以按照自己的意愿，从容地安排授权。当然，要成功运用好授权的技巧，除了了解授权的内容特点及注意事项，还必须建立良好的监督反馈机制。

5.
避免授权的盲目性和授权失当

一般情况下，管理者应保留以下几种权力：事关区域、部门、单位的重大决策权，直接下属和关键部门的人事任免权，监督和协调下属工作的权力，直接下属的奖惩权。这些权力属于管理者职能工作范围内的权力，不能对外授权。除此之外的其他权力，可根据不同情况灵活掌握。

从实际工作上衡量，凡是过多分散管理者精力的事务工作，上下都需支配或可分担的边际权力，以及因人因事而产生的机动权力等都可以考虑下授，但要注意事情的“本末”、“轻重”、“缓急”程度和授权方法。

任何企业或组织都有自身的发展目标，这些目标的实现绝不是管理者个人所能完成的。管理者只有将组织的总目标进行必要的分解，由组织内部的各个管理层及部门的所属成员各自分担一部分，并相应地赋予他们一定的责任和权力，才能使下属齐心协力，共同奋斗，努力实现组织的总目标。那么，管理者应该按照何种方法进行授权，才可以避免授权的盲目性和授权失当的现象发生呢？

（1）充分授权法

管理者在充分授权时，应允许下级决定行动的方案，将完成任务所必须的人、财、物等权力完全交给下属，并且允许他们自己创造条件，克服困难，完成任务。充分授权可极大地发挥下属的积极性、主动性和创造性，并能减轻主管不必要的工作负担。

（2）不充分授权法

凡是在具体工作不符合充分授权的条件下，管理者应采用不充分授权的方法。在实行不充分授权时，应当要求下属就重要性较高的工作，在进行深入细致调查研究的基础上，提出解决问题的全部可能的方案，或提出一整套行动计划，经过上级的选择审核后，批准执行这种方案，并将执行中的部分权力授予下属。

采用不充分授权时，上级和下属双方应当在方案执行之前，就有关事项达成明确的规定，以此统一认识，保证授权的有效性和反馈性。

（3）弹性授权法

管理者面对复杂的工作任务或对下属的能力、水平无充分把握，或环境条件多变时，可采用弹性授权法。在运用这种方法时，要掌握授权的范围和时间，并依据实际需要对授给下属的权力予以变动。例如，实行单项授权，即把解决某一特定问题的权力授予某人，随着问题的解决，权力即予以收回。或者实行定时授权，即在一定时期内将权力授给某人，到期后，权力即刻收回。

（4）制约授权法

管理者管理幅度大，任务繁重，无足够的精力实施充分授权，即可采用制约授权的方法。制约授权是在授权之后，下属个人之间或组织之间相互制约的一种授权方式。它是管理者将某项任务的职权分解成两个部分并分别授权，使他们之间相互制约、相互钳制，以有效地防止工作中出现疏漏。

（5）逐渐授权法

管理者要做到能动授权，就要在授权前对下级进行严格考核，全面了解下级成员的德才和能力等情况。但是当管理者对下属的能力、特点等不完全了解，或者对完成某项工作所需的权力无先例可参考时，就应采取见机行事、逐步授权的方法。如先用“勘理”、“代理”职务等非授权形式，使用一段时间，以便对下级进行深入考察。当下属适合授权的条件时，领导者再授予他们必要的权力。这种稳妥的授权方法并非要权责脱节，而最终是要使两者相吻合和达到权责相称。

其实，按照何种方法授权，取决于当时的综合情况和工作的急缓程度，这需要管理者因时因地地考虑。但无论何种情况，管理者授权出去后，同样要对授权承担最终责任。

若想达到这点，就必须做到如下几个方面。

（1）严格的监控

监控是管理的五大职能之一，也是管理者最重要的日常工作。管理者期待执行者有效执行其意图，就必须在执行过程中严格监控，发现问题及时纠正，使之朝着预期的方向发展。但是在监控的过程中，一定要解决好一个问题，那就是监控不可以影响执行者的工作，以免造成负面影响。

（2）标准化的考核

如果说激励给人动力，那么考核则给人希望，让人产生梦想。一般情况下，人们习惯于认为考核是一种约束，事实上这是对考核功能的一种误解，真正合格的考核是让人看到希望并且让人产生梦想，是一种激励的补充，或者说是激励措施的一种量化形态。当然，如果只是设定一个最低标准来让人遵守的话，那么将会导致企业运行效率不高即执行力缺位。

（3）实时的能力把握与筛选

有些管理者往往不能根据客观工作任务的性质，对被授权人所具备的实际能力、知识水平等进行慎重地考核，或是以个人好恶取人，或者以与自己的亲疏程度选人，或者从平衡组织内派系出发挑选授权人。这很容易造成实际的偏差，管理者盲目地把权力授给无法胜任工作的人，这是失败的管理工作，真正的授权是要找一个既具有能力而又能行事负责的人，从而使企业效益最大化。

6.
运用非正式权力的影响

正式权力又称职位权力，是组织赋予领导者的岗位权力，它以服从为前提，具有明显的强制性。这种权力是由领导者在组织中所处的职位决定的。法定权包括：决策权、组织权、指挥权、人事权、奖惩权，它与领导者个人因素无关。

非正式权力是领导自身素质形成的一种自然性影响力，它既没有正式的规定，没有上下授予形式，也没有合法权力那种形式的命令与服从的约束力，但其却比正式权力影响力广泛、持久得多。在它的作用下，被影响者的心理和行为更多地是转变为顺从和依赖关系。非正式权力影响是由领导者的品德修养、知识水平、生活态度、情感魅力以及自己的工作实绩和表率作用等素质和行为所形成的，其特点在于它的自然性，它比正式权力影响具有更大的力量。现实生活的大量事实告诉人们，领导者影响力中起重大作用的是非正式权力，其影响力、感召力、吸引力是巨大的。“其身正，不令而行，其身不正，虽令不从”，就深刻地说明领导者的非正式权力影响对其有效性和权威性起着决定性作用。

在现实生活中，潜意识运用非正式权力而取得成功的案例俯拾皆是。

基于个人品德与才能崛起的 W. 爱德华兹 · 戴明，以其强大的个人权力创造了 20 世纪七八十年代质量管理运动的辉煌，这场运动也成就了这位工业界的传奇人物。在乔布斯创业后的 10 年，造就了一个市值 20 亿美元、拥有四千多名员工的大企业。尽管乔布斯取得成功的因素是多元的，但其强大的说服与影响力在其创业初期和转型过程中发挥了关键作用。创业初期，资金匮乏，他成功地说服了风险投资家为苹果公司注入资金；发展时期，他又一次说服董事会和雇员，适时地进行了业务拓展和转型。他创建了苹果电脑，引领了电脑时尚的新潮流；他创立了皮克斯 (Pixar)，拨动了娱乐业的新风向；他创造了 iPod，影响了不只一代人的生活方式。

可见，个人魅力、说服力、影响力等非正式权力在管理工作中具有十分巨大的作用!

日趋激烈的竞争使得团队合作的工作方式成为企业激发人们的聪明才智，释放他们的创造潜力，从而增强企业竞争优势的重要源泉。因此，企业管理者纷纷重塑自己的领导方式，以适应这种合作型、平民化管理文化的需求。

研华股份有限公司董事长刘克振有时会直接给分公司的销售人员打电话，就产品推广等话题进行直接探讨。接到他电话的员工表示:“董事长的电话让我感到亲切，我当然愿意将自己的想法告诉他。这种直接对话的做法让大家很受鼓舞。”

与人们印象中刻板、严厉的日本老板形象不同，佳能中国总裁兼 CEO 足达洋六是一个非常放松、开放的老板，他随时都会发出“我喜欢你这个人，我喜欢你所做的工作”的信号，让员工感觉到“我不是一部工作机器，而是一个有感情的人”。这种感染力让员工产生了强烈的共鸣，激发了他们在压力下快乐地工作。

实际上，领导人利用正式的领导职务所赋予的权力，依靠命令和控制手段，通过硬性要求和强制指令来领导，其效果往往与初衷背道而驰。相反，如果领导人把自己当作被领导者的导师、合作伙伴，甚至朋友，运用包容、人格魅力、专长、人际关系技巧和沟通等非正式权力的因素，通过“传帮带”等非正式权威的领导方式，往往会收到意想不到的效果。

运用非正式权威的领导方式，不仅适用于领导下属。领导（力）的基本内涵是：指引方向，施与影响，进行激励，承担责任。这些内涵告诉我们，你不仅可以领导下属，还可以引导上司、平级，甚至公司外部的顾客、供应商等利益相关者。

比如，“领导”上司，需要对上司施加影响时，就要考虑：是否要根据上司的工作习惯采用适当的方法？怎样明确自己的期望？如何同上司充分交流？如何在充分调研的基础上，主动针对工作中存在的问题提出不同的解决方案？

要有效地运用非正式权威的各种领导方式，需要结合公司的实际情况，厘清在本公司运用领导力的主要方面和重要对象。在不同的条件下，针对不同的对象，所采取的领导方式就要有所区别。

现代领导理论认为，领导者的权力来源于以下五个方面：

一是法定权力。这一权力来自于你所处的职位，职位越高，法定权力越大。

二是惩罚权力。领导者对下属的一种物质或精神上的处罚权力，是由法定权力派生出来的一种权力。

三是奖赏权力。领导者对下属进行物质或精神的奖励权力，包括表扬、多发奖金、提升等。是由法定权力派生出来的另一种权力。

四是专长权力。由于领导者在某一专业领域所具有的特长而获得的一种权力，这种权力与个人的专业技术水平和能力有关，与职位高低无关。

五是个人影响权力。领导者因为个人的品德、风度、气质等个人魅力而获得一种权力，与职位高低也没有关系。

在以上五个方面的权力来源中，第一种和第三种权力是根据所在的职位高低而获得的，称之为正式权力，由此获得权威，我们把它叫作正式权威。最后两种权力主要是基于个人原因获得的，与组织关系不大，因此可称为非正式权威。

事实上，在任何一个单位，正式权威都是有限的，因为职位本身是有限的。但是非正式权威是无限的，特别是个人专长权力，主要依赖于个人的专业水平，因此非正式权威的获得更多地只能靠自己。

由此可以看出，要想做好一个领导，仅仅从正式权威方面去努力是远远不够的。专业方面的能力和个人的影响力可以不受职位的影响，不断扩大。恰恰在日常生活中，相当一部分管理者忽略了这一基本理论，一旦进入仕途便误入歧途，等明白过来已为时过晚。

第七章

管理心理课：发挥情感管理的软力量

作为一个企业的领导者，经常会碰到这样的情况，许多下属工作缺乏应有的热情，尽管自己处处为下属着想，但是许多人并不领情。这些现象的背后，其原因是错综复杂的，但究其根源，是企业的领导没能站在下属的角度来审视公司的发展战略和自己的领导方式，不曾认真去了解下属在战略贯彻执行和公司发展过程中看到什么、想到什么，更没有真正去了解每位下属需要什么。

1.
管理者的“将心比心”存在误区

有一段时间社会上盛行一个口号，“理解万岁”，如果从另一个角度来理解，实现人与人之间的理解是件难事，尤其是上司和下属之间，站的角度不同，分析问题的出发点不同，看事情的角度不同，利益取向不同，自然对某一件事物的理解也就不同了。上司们很少会设身处地地站在下属的角度来想问题，而是习惯于从自己的角度来考虑和判断问题，这自然容易导致领导与下属之间的理解不对称，继而导致管理工作难以有效开展。如果领导主动站在下属的角度，为下属排忧解难，下属就能将心比心，反过来替领导排忧解难，帮助领导提高业绩。

如今的管理已经进入新的管理模式，期望企业达到“企业人格化，人格魅力化”，很多老板都知道在管理中要关心下属，但是在运用“关心”这个办法时有些走样，甚至觉得是吃力不讨好，事倍功半。

关心下属，最重要的是要站在他的角度去关心他，这种关心还不能破坏公司的基本规则。首先是让下属尊重你，其次才是喜欢你。企业不是慈善机构，关心的目的还是为了给企业创造价值。领导是通过别人来工作的，只有真正关心下属，他才会为你效劳，这个道理几乎人人都懂，但往往在具体操作时却走了样，存在几个误区：

第一个误区是，不少领导者把关心理解为对下属施以小恩小惠。很多人一厢情愿地认为，所谓关心下属就是小恩小惠，例如，下属昨天加班太累了，第二天上班可以晚来一些，或逢年过节给下属送点小东西。这种做法并不能真正建立起你的影响力。关心下属一定要体现出是你在关心他，而不是组织在关心，这一点非常重要。

第二个误区是，开空头支票。激励下属好好干，有时必须做出承诺，然而言必信，行必果，作为领导更应该一言九鼎。如果情况特殊或者有变，或自己判断失误无法兑现，最好向下属道歉并说明原因，得到他们的体谅。

第三个误区是，认为关心下属就是关心他们的工作。这种做法会令下属非常反感，他们会认为你只关心业绩，甚至会认为你在怀疑其工作能力。

第四个误区是，认为关心下属就是对下属有求必应，就是不批评下属。作为经理，你只能尽量满足下属那些与组织目标一致的需求，对不合理的需求必须予以回绝，甚至还要批评。批评也是关心的一种方式，它可以促使下属反思自己的作为。但批评一定要选择恰当的方法，避免伤害下属的自尊心。

2. 与下属打交道多一些“人情味”

作为企业的领导者，不妨在紧张的工作之余走出办公室，到下属那里转一转，去拍拍他们的肩膀，或者递上一支烟，关心一下他们的工作和生活。无论多忙，你都要定期抽出时间与下属沟通交流，你可以召集一些下属中午和你一起吃盒饭或者喝个下午茶，你也可以采取一对一、面对面的方式与他们沟通。只要你用心了，形成了习惯，一段时间后，下属的工作积极性就会调动起来，你就会得到意想不到的收获。

上面所说的就是所谓的情感管理，但是情感管理也不是一件简单的事情，作为一个领导者，进行情感管理还有一些技巧和方法需要遵循。在现代快节奏、高压力的职业环境中，贴近下属的内心生活越来越重要，但如何进行情感管理，真正地想下属之所想，急下属之所急，为他们排忧解难，从而激发下属的积极性，管理学家给我们提出了不少好的建议。

首先要尊重和认同下属，这是情感管理中最重要的部分。在现代企业中，员工的自尊心都比较强，希望被尊重和认同成为他们工作是否快乐的最基本要素。很多企业都在企业文化中强调“以人为本”，其实以人为本就是要把所有人都视作公司大家庭中的一员，要公平地对待他们，要关爱他们，要让下属感受到被重视。具体来说就是要真诚地关心下属，不要靠发号施令和权威来管理下属。现在很多企业都崇尚民主化管理，实行“职务无称谓”制度和“平等共事”的机制，原因也正在于此。

作为一个公司的领导要衷心地让下属感受到被重视。奥地利著名心理学家阿德勒说过，“人类本质中最殷切的需求就是渴望被肯定”。在工作中，作为管理者要经常给予下属最真诚的认同和肯定，要让他们时时感受到来自上层的重视。当他们做出成绩时，要让他们感觉到上级是重视自己的，这样下属一定会有更高的工作激情。如果下属做出了成绩，管理者没有什么表示，不但没有物质激励，就连几句勉励的话都没有，下属肯定感觉不到重视，必定不利于以后的工作。

甲骨文公司是世界领先的信息管理软件开发商，因其复杂的关系数据库产品而闻名。该公司放权给每一个人主导自己的工作，所以企业领导的官僚作风比较少。公司中没有严格的制度，每个人上下班的时间基本上由自己决定。即使是高层领导、部门经理基本上也没有“特权”，依然要自己回复电子邮件，自己倒咖啡，自己找停车位，甚至每个人的办公室基本上都一样大。

该公司实行“零隔膜政策”，也就是说，任何人可以找任何人谈任何话题，当然任何人都可以发电子邮件给任何人，哪怕是领导。一次，有一个新职员开车上班时撞了查理·菲利普停着的新车，她吓得不知所措，急忙问部门经理该怎么办，部门经理给她的建议是只要给菲利普发一封电子邮件道歉就行。于是她战战兢兢地发出了电子邮件，在之后的一小时内，菲利普不但回信告诉她别担心，只要没伤到人就好，还对她加入公司表示欢迎。

这个女职员后来对菲利普非常感激，于是她发奋地工作，经过不懈地努力终于做到甲骨文的副总裁，后来成为菲利普强有力的助手。由于她的努力以及在管理方面的得心应手，终于让查理·菲利普得以从捉襟见肘的管理状态中逃脱出来，成为一名专职的程序员。她的出现可以说为甲骨文增添了更多的活力与激情。可以说正是由于菲利普的宽容和平易近人的风格打动了这位女职员，最终使她成长为一个杰出的企业领导者，为甲骨文公司的发展开辟了一个新天地。

此外，在一个现代企业中创造一种沟通无限的工作氛围，也是非常重要的。现代企业应该营造一种自由开放、人人平等的氛围，除企业正规的交流途径之外，公司要鼓励各种自发、非正式的交流沟通渠道，这将会大大地减少下属之间、部门之间的误解和隔阂，形成一种积极而和谐的人际关系，增强企业的凝聚力和创新能力。

现代企业管理已进入到一个以人为本的管理新时代，其重要内容不再是板着面孔式的条条框框的限制，而是一门融进了管理者对员工、对事业献身精神的独特的艺术。比如，通用公司像一个和睦、奋进的“大家庭”，从上到下直呼其名，无尊卑之分，互相尊重，彼此信赖，人与人之间关系融洽、亲切。公司的最高首脑与全体员工每年至少举办一次生动活泼的“自由讨论”。

1990 年 2 月，克莱斯勒的机械工程师阿诺德·汤姆在领工资时发现少了 300 美元，为此他找到顶头上司，而上司却无能为力，于是他便给公司总裁写信。总裁认为这不是一件小事情，他后来说道：“我们总是碰到令人头痛的报酬问题，这已使一大批优秀人才感到失望，而现在这种情况不能持续下去了”。于是立即责成最高管理部门妥善处理此事。

几天后，公司补发了汤姆的工资，事情似乎可以结束了，但他们利用这件为员工补发工资的小事大做文章。第一是向汤姆道歉；第二是在这件事情的推动下，了解哪些“优秀人才”待遇较低的问题，调整了工资政策，并向当时著名的《纽约时报》披露这一事件的全过程，在美国企业界引起了不小轰动。

事情虽小，却能反映出克莱斯勒公司的“大家庭观念”，反映了下属与公司之间的充分信任。从这方面看，克莱斯勒之所以能够在美国这种激烈竞争的环境中生存下来，并长期屹立于美国汽车业的三巨头并非是偶然的。

在处理与下属的关系中，做好情感管理是关键，精明的管理者会恰当地处理好与下属的关系，对于下属要找出机会和时间与他们拉近关系，鼓励他们、关心他们、感动他们，在公司营造一个融洽而有人情味的和谐氛围。

3. 做好 EPA，给下属减压

员工帮助计划又称下属心理援助项目、全员心理管理技术（简称 EPA）。原来是由美国人发明的，最初用于解决下属酗酒、吸毒和不良药物影响带来的心理障碍，后来它成为企业为下属设置的一套系统的、长期的福利与支持项目，旨在帮助解决下属及其家庭成员的各种心理和行为问题，提高下属在企业中的工作绩效。

现代社会是一个“以人为本”的社会。高压下的下属不可能释放出最大的潜能；高压下的下属肯定缺乏创新精神；高压下的下属不可能真心实意地为企业着想；高压下的下属出错率、事故率、工伤率都会成倍增加。如今的企业所担负的责任不仅是获得利润，还要为社会做贡献，为下属谋福利，企业也有责任给下属减压。这不仅是为了下属的个人利益，也是为企业自身的发展提供动力。西方许多企业正在不惜人力、财力为下属减压做努力。他们知道，尽管这是一项很大的投入，但在这一点上获得的竞争力特别有利于企业的长治久安与稳步发展。

因此作为一个成功的企业应该在减轻员工压力上下一番功夫，在管理学上企业的这些行为被称为员工帮助计划。正如美国管理家希尔斯所说的 EPA 不仅是下属的一种福利，同时也是对管理层提供的福利。下属心理援助专家可以为下属和企业提供战略性的心理咨询，确认并解决问题，以创造一个有效、健康的工作环境。

通过改善下属的职业心理健康状况，能给企业带来巨大的经济效益。美国的一项研究表明，企业为 EPA 投入 1 美元，可为企业节省运营成本 10~20 美元。

做好 EPA，给下属减压是一个比较复杂的技术，但是具体来说主要分为两点：一是提供良好的环境氛围，如今的和谐社会建设就是缓解压力的极佳的环境氛围。二是提供专门的技术性服务。在美国，EPA 协会首先是研究压力的一个专业机构，专门对压力给企业、社会带来的一系列问题进行研究，同时也对企业起到一定的指导作用。

简单地生活、任劳任怨地工作——长期以来，这是公司的模范员工，然而近些年“过劳死”的话题引起了人们的注意。风波过后，新的思考开始出现：面对竞争越来越激烈、压力越来越大的工作环境，我们是否该考虑为下属减压？很多国家都意识到这个问题，并且出台了各种措施。

但是近年来，随着经济竞争加剧，为了保住工作，很多人开始加大工作强度，到点不下班或周末加班越来越普遍，这也使得减压和过劳死这样的问题受到越来越多的关注。很多老板开始意识到，要想让下属踏实尽心地工作，提高工资并不是唯一的手段，帮他们减压也是很重要的一个方面。

针对这些新情况，一些公司及时采取了措施，其中最重要的就是弹性工作制度。这种制度始于 20 世纪 80 年代，很多公司为了让下属既完成工作又能安排好生活，在保证每天 8 个小时或每周 35 个小时工作时间的前提下，让他们自行确定上班时间。2006 年的统计显示，全美有 29.1% 的男性和 26.7% 的女性享有弹性工作待遇。美国著名调查公司的老总汤姆森认为，弹性工作制度不仅是福利，也是增进生产力的有效工具。弹性制度在不同的公司实行起来也不同，例如有的公司考虑到有的下属因为每周的某天下午要带孩子上学习班，其他日子就多工作一会儿；有的下属为避开交通高峰时间，每天从早晨 7 点干到下午 4 点；如果有的下属因为离公司比较远，可以一周工作 4 天，每天多干 2 小时。还有一些公司更进一步，连上班总时间也不规定。总之，许多公司的领导只要求下属在规定时间内完成工作，对上班时间没有严格要求，很多工作甚至可以在家中完成。

4.
细节主义决定成败

主动关心下属的工作和生活情况，主动跟下属交心交流，当下属碰到困难时，在合理范围内提供帮助——这都是作为领导的一种责任。培养与下属之间的亲密感，不让自己陷入孤立的境地，是管理者自我心理定位的第一步，但要做到这一点却不是一件简单的事。现在有一种很流行的观点，叫细节决定成败，倡导沉下心来做事，踏踏实实工作，力图把工作做细做到位。而注重细节，从细节之中透视下属，或者在细节的巧妙布置上来感动下属，正是新时期领导应该具备的一个技巧。

因此，细节主义应运而生，很快在社会上流行起来。它对急功近利的浮躁风气当头棒喝，倡导踏踏实实工作，把工作做细做实。客观地说，这种观点在抑制时下那种浮躁情绪，倡导务实作风方面的确有其积极作用。从这个意义上讲，细节主义的产生具有很强的现实针对性。

对于企业的老板来说，细节主义已成为一个香饽饽，哪个老板不希望下属踏踏实实工作呢？因此细节主义在老板人群中很有市场，老板们又竭力将细节主义推销给下属。在老板们的推动下，细节主义很快又在下属中流行开了。很多老板甚至不惜花钱将细节主义的书买回去人手一册发给下属们去读，当作下属的培训教材，更有甚者，专门聘请相关的专家来做讲座。结果是细节主义大行其道，在全社会广为流行。

据报道达能在中国的公司，上级鼓励下属自我管理，上下班不用打卡，提倡平等，公司不论职位高低出差一律乘经济舱；公司甚至在经济不景气的情况下也不随意解雇员工；每到下班的时间就开始播放音乐；尤其是他们还比较尊重中国的传统节日，每年的中秋、元宵节均放假……这些做法和细节，赢得了中国下属的好评，从而也促进了公司的发展。

达能非常强调平等，在采访达能中国区总裁秦鹏时，笔者发现他走的时候细心地把自己用过的杯子收拾好，其实当时还有达能其他下属陪同采访。事后，达能的那名下属告诉笔者，原来公司有规定，谁用完会议室，谁就要收拾好，可见平时总裁收拾也很正常。达能从来不设管理层专用车位，所有下属出差一律乘经济舱，办公座位的面积也相差无几。达能成功收购了许多公司，其中收购对象的公司文化是一个很重要的决策参考指标。达能曾经对一个收购对象非常感兴趣，但是听说这家小公司已经有总经理和高级经理专用餐厅、专用停车位，达能就觉得不合适。

达能也非常注意在一些细节之上关怀每一个员工。例如，有一年西班牙发生骚乱，达能中国有位下属在西班牙巴塞罗那开会。为了防止员工遭受不必要的伤害，公司老总通过达能全球紧急救援电话，很快让该下属得到妥善安置，同时还安排了一个能讲普通话的人帮助他与西班牙当地的医生沟通。后来公司的发言人说道，“在异国他乡，能得到一个说母语的人的帮助，下属就安心多了”。

达能相信“成功会导致成功”。如果公司有创造成功的环境，那么当下属进入这个环境之后，就更能获得成功。达能中国人力资源政策的核心就是帮助下属获得成功，达能对每个领导的要求，就是让其下属取得更大的成功，因此，达能中国激励政策、薪资福利都是以此为目的的。达能总是喜欢告诉下属：“你不是为你的老板工作，而是为达能工作。”为让有才华的下属能够真正脱颖而出，达能每个季度都要把绩效最好的人员名单公布出来。通过这些措施增加透明度，这样就避免了升职时的“暗箱操作”。

能够做到这些，可以说达能对于员工的吸引力就非常强了。所以他们才敢于在中国招聘员工却从来不登招聘广告，而只是在达能的网站上公布招聘信息。关迟说他从没有担心过招不到人，每年应聘者都成千上万，可以说达能的成功是细节之上的成功。

5. 为员工发放“精神薪资”

目前对于绝大多数企业员工来说，尽管薪酬高低是决定个人工作努力程度的最重要因素，但并不是最直接的因素。提高实物薪资自然皆大欢喜，但对于因实力不济而力不从心的中小企业来说，“精神薪资”同样也能达到良好效果，记住，一句祝福的话语，一声亲切的问候，一次有力的握手，都将使下属终生难忘，并甘愿受你驱遣。其实下属们所希望获得的除了物质薪资外，还希望得到精神薪资，也就是领导的赞赏和尊重。每个职员都想得到上级的重视和能力认可，这是一种心理需要，与下属常常谈谈话，沟通思想，对于形成群体凝聚力，完成任务、目标，有着重要的意义。因此，企业领导者应该重视非物质报酬之外的精神薪资并给予更多的关注，切实把人力资源作为单位的第一资源，向执行力要效益。

成功的领导者注重谋求与下属建立私人化的关系，他们往往刻意营造和下属之间的亲密感觉，比如下班出去喝一杯，或者出差回来给下属们带点小礼物，经常找下属谈心，交流一些感受，聊些大家共同感兴趣的话题，诸如此类加深感情的活动。长此以往，你就会走进下属心里，并占据一席之地。如果你与下属建立了相互欣赏、相互喜爱的亲密关系，下属会甘愿在工作上主动分忧，完全不让你操心。

有一位著名企业的部门经理，其领导艺术十分高超。他手下有几个下属，他对每个下属的管理方法是因人而异，但每个人都感觉到自己特别被他器重：他外出时，每次都把他办公室的门卡交给下属甲；他太忙时，会委托下属乙帮他处理一些无伤大雅的私事，下属乙甚至知道他银行卡的密码；下属丙薪水不高，很喜欢听音乐，这位经理自己是个发烧友，他会把自己用过的还很新的音响送给下属丙。不用说，他所在的部门在每次的年终评比中都是名列前茅。

怎样发挥精神薪资？著名管理学家黄兴德给我们提出了一些建议。比如，适当地赞美下属。给下属一分钟赞美比给下属十分钟批评要管用。赞美是清泉，滋润下属干涸焦虑的心田，多一次赞美，企业的发展就会多一份动力。

一个普通公司职员在路上偶然遇到公司老板，出乎意料的是，这个老板不但没有对他视而不见，还和他打招呼握手并问候他，虽然这是领导不经意的一次举动，但是在他心里却产生了莫大的震动。回去后，这名职员心情久久不能平静。他认为，这是领导对自己的重视和认可。此后他的工作一直做得很出色，最终掌控了一个大型的企业。后来他也学着这位老板，时不时找下属谈心，谈心的面很广，谈工作、谈生活、谈发展，每次谈话，职员都受到很大的鼓舞。就是这个举动，增强了全员的凝聚力，使企业的所有工作做得有声有色。

再如，注意一些细节如生日祝福。发一封精美的明信片，几句祝福问候语，办一次简易的生日 Party，在下属生日时精心送上，将会给下属极大的安慰。逢年过节时，组织一些亲属活动，感谢亲属一年来的支持与关心，汇报一下公司业绩及来年目标，这可使下属在以后的工作中更加卖力。下属客人来访，你赶紧放下手头工作热情接待，比自己客人还亲，并亲自给宾馆打电话安排其住宿及伙食，当面赞扬下属的工作业绩，下属心里喜洋洋，面子十足，第二天会用十倍工作热情回报你。时不时地与下属一道吃个晚餐或一起喝杯咖啡，这不需要花你多少钱，其作用却是巨大的，这会给下属莫名的荣耀与冲动。另外当下属提出建议时，你微笑着洗耳恭听，一一记录在册，即使下属的意见不成熟，也一路听下去，并耐心解答，如此三番，下属的干劲就会被调动起来。

无论你提供多好的优惠条件，总不能阻止优秀人才的流失，这时最好的办法就是采取来去自由的政策，并承诺随时开门恭候其回心转意，将流走的人才变成自己事业上的伙伴、朋友、经销商，这对在岗职员来说也会达到知恩图报的效果。

6.
在企业中营造类似家庭的氛围

如果能在企业中营造出一种类似于家庭的氛围，使下属把公司当成一个家庭，自己是这个家庭中重要的一员，便能大大增强下属的主动性和参与性，使下属对公司前进的方向充满激情与责任感。我们都知道家庭是最自然的社会单元，对家庭归属感的强弱通常决定着你对家庭生活的满意度和对整个家庭发展的责任感。公司中也一样，下属强烈的归属感对建立优秀的公司文化有着举足轻重的作用，下属在其中不仅能够舒适地生活，而且还能有效地完成工作。在这种氛围里，下属不只是把自己看成公司的一名职员，更是公司的主人，从而更多地贡献自己的智慧和力量。

美国著名学者彼得·汤姆森曾大声疾呼：一边歧视和贬低你的下属，一边又期待他们去关心产量和不断提高产品质量，无异于白日做梦！每个下属都需要企业给予他们关爱，也需要从企业的温暖中提升自我的满意度。创造关爱的企业氛围，是给予下属良好的工作环境，给予下属足够的工作支持，是使下属安心工作的有效措施。下属利用企业的舞台，企业利用个体的资源，只有在互相关爱、共同奋斗的工作氛围里，双方的使用价值才会显示出来。相反，若企业内缺少这种相互诚信与关爱的工作氛围，那么，提高下属的工作热情、发挥其潜在能力就成了一句空话。

一个法国调查公司所做的调查发现，现代企业办公空间的风格，尤其在办公空间中公共区域的设计上，渐渐向家庭氛围靠拢，对他们的下属而言，办公室再也不是一个生硬冷漠的地方，而是一个带给下属舒适温馨的场所。例如，越来越多的办公空间中出现咖啡休闲区、头脑风暴室、午休区域，同时，零食和饮料也随处可见。谷歌和微软的办公室很好地代表着这个趋势。

研究还发现下属对自己办公空间的控制力也大大增强了。下属甚至可以决定是不是需要，以及什么时间到公司上班。有些下属就可以自己定义办公场所。在办公空间里，下属对周边环境的控制力也有很大增强。公司为了创造不同的工作场景，往往会要求设计师设计不同的功能区域：安静的，热闹的，独立工作的，团队协作的。下属也可以根据自己工作的需要，选择不同的区域。现代办公家具的设计和发展也向着灵活性不断进步，可调节的屏风和办公桌也让下属有很多控制力。

而且，漫步在现代办公空间中，可随处看到丰富的个性化色彩，在桌面上摆着一盆个性十足的小花，如家庭成员的照片，公司颁发的奖状，甚至自己宠物的照片等。如果你有机会参观 Opera 的办公室，你还可以看到设计团队的设计作品，甚至有的女员工办公桌上还摆着形态各异的芭比娃娃。这不仅很有创意地个性化了自己的办公空间，而且也表现了团队的精神和特色，可以增加下属的归属感，可谓是一举多得。

这种对于家庭氛围的营造不是只在于员工各自狭小的空间，整个企业的设计和布局也发挥着很大的作用。不少公司在办公空间设计过程中鼓励下属积极参与公司的每项决定。调查发现，公司总裁在做任何关于新办公室的决定时，都会耐心地向每位下属说明决定背后的数据支持和公司的取舍，而且下属可以采用投票的方式参与最后的决定。虽然最后的设计方案不能完全满足每位下属的要求，但是这个参与的过程却让大家紧密地站在了一起。

除了办公空间设计规划，恰当的公司奖惩制度也是增强归属感的有效手段。公司应该倡导团队内部和团队之间的协作，从而提高团队精神和团队凝聚力。公司应该善于强调团队成就，而不仅仅是个人成就。

在索尼集团，企业领导大力提倡社团活动，培养员工对于企业的归属感，他们组织了一系列的活动，如车间娱乐部、女子部等，促进人与人之间的关系。索尼对社团活动寄予的另一个期望是培养管理者的能力，因为不管社团的规模大小，要管理下去就需要计划能力、宣传能力、管理者能力、组织能力等。另外，整个索尼企业的活动也很多，综合运动大会、长距离接力赛、游泳大会等，每月总要举行某种活动。在这些活动中，有时总经理、董事等管理者还会亲自参加，与下属一起联欢。所有这一切，都在不知不觉中增强了企业的凝聚力。

总之，创造关爱下属的企业氛围，不仅能够提高下属的满意度，充分发挥下属的潜能，而且对于企业的发展有着重大作用。法国企业界有句名言:“爱你的下属吧，他会百倍爱你的企业。”台湾的一些企业家也主张“爱下属，下属才会爱企业”的道理。对于一个管理者来说，可以创造出下属与上司共有的温馨氛围意义重大。

7. 让下属认可“你是自己人”

作为领导要了解下属，视下属为朋友，这是做好工作的前提。领导者的说服工作，在很大程度上，可以说是情感的征服。只有善于运用情感技巧，以情感人，才能打动人心。感情是沟通的桥梁，必须架起这座桥梁，才能了解到对方的内心，征服打动对方。领导者与对方谈话时，要使对方感到领导不抱有任何个人目的，没有丝毫不良企图，而是真心实意地帮助自己，为下属的切身利益着想。这样，沟通双方的心就接近多了，就会产生亲如一家的感觉。

总而言之，情感是交往的纽带，如果领导能够很好地运用，和下属交朋友，使自己成为下属真正的自己人。这方面，日本企业家做得非常成功。后来这个经验传到台湾，一位业界大哥就曾深有感触地认为在一个企业中领导就扮演着“管家婆的角色”，他说：“身为总经理，如果有一万名下属，就要担一万个人的心。”再到后来，随着美国经济的衰落和日本经济的崛起，美国企业界开始学习日本的管理经验，开展了以“文化革命”为中心内容的“管理革命”，这在一定程度上增强了美国企业的竞争力。

当前，关心职员的“全面发展”已成为现代企业的典型特征。它主要体现在对公司职员的福利待遇、闲暇时间、文化生活、职业培训和发展机会的提供上。虽然这些“关心”和“尊重”是超管理的，但其效果却是双倍、几倍甚至几十倍于管理的。因此，关心职员“全人的发展”是总经理分内的事。因为这表现出现代企业家对公司职员“全人”的尊重，那些小恩小惠式的“感情投资”是不能与之相提并论的。

从某种意义上说，不了解下属的品行和能力就委以重任而导致工作失败几乎是必然的，这就是孙子兵法所说的“不知己不知彼，每战必败”。这种错误如果是由于轻信和失察而引起的，尚情有可原，如果是由于贪图私利所致，那就不可原谅了。如果一个领导者能够真正了解和把握下属的特点，并懂得在不同环境和任务中具体灵活运用，那么就会真正体会到“强将手下无弱兵”，并且为自己的下属感到骄傲。从组织的角度来看，组织的结构是与每位组织成员的人格取向、需求层次等特点密切关联的，因此了解下属，也便于组建起一个成员之间更相容、更具有内聚力的团队集体。

从管理方面来看，所谓了解你的下属就是了解你下属的人格取向、动机层次、性格气质、技术水平、优点和缺点等，以便为他确定适当的工作岗位，对他采取适当的激励手段，更好地发挥他的作用。

据历史记载，东汉光武皇帝刘秀经常屈尊礼贤，关心下属的生活疾苦。刘秀手下的猛将贾复作战勇猛，常置生死于度外，刘秀时刻关注贾复的生命安全。当听说贾复伤重时，说了这样一句话：“听说贾复的夫人怀孕了，如果生的是女孩，我的儿子就娶她，如果生的是男孩，将来我的女儿就嫁给他。”由于刘秀有意不让贾复出征，使他具体战功不多，每当诸将论功时，刘秀都要替贾复说上一句：“贾君之功，我自知之。”后来他就授予贾复太子太保，足见对他的赏识之心。冯异先前是王莽阵营中人，后又依附刘秀，在刘秀建立东汉政权的过程中立下了汗马功劳。冯异曾连续数年镇抚关中，威权日重，受到中人非议。刘秀便将诋毁他的书信交给冯异本人，冯异看后惊恐异常，上表自辩，刘秀安慰他说：“没什么可以担忧的！”后来冯异入朝觐见，刘秀向满朝文武介绍：“是我起兵时主簿也。为吾披荆棘，定关中。”回忆起几年前在河北逃难时，冯异为自己弄来豆粥与麦饭充饥，刘秀又感慨地说那是一份无法报答的厚意，这些话让冯异心里感到无比温暖。正是靠着刘秀的这种知人善任和善于笼络部属，才振兴了摇摇欲坠的刘氏王朝。

“士为知己者死，女为悦己者容”，这是人们普遍存在的心理。管理者如果对这种心理加以利用，让部下视你为伯乐知音，那么他们就可能对你以死相报，上刀山下火海而无怨无悔。

第八章

管理沟通课：让双向交流无障碍

沟通是管理工作的真正核心。我们常说“蛇无头不行”，管理者所担当的正是这个“头”的角色，而其职责恰恰就是沟通。没有充分的沟通，团队就会成为一盘散沙，这是任何一个稍有经验的管理者都心知肚明的道理。沟通是管理者向下属交代、下属向管理者汇报的双行交流，上下交流皆无障碍才是有效力的沟通。

1. 身为管理者，你不能一直沉默

有一家企业的办公室着火了，于是管理者就对着刚刚走到门口的员工说道："快点儿，拿桶水来！"这位员工一边走一边想，公司的水龙头在哪儿？水桶又在什么地方？经过多番思考之后，他想起在不远处的食堂有一个水桶，然后打算先拿水桶，之后再到最近的水龙头打水，这样算下来会省去很多的力。但当他回头看了一眼办公室的时候，这下不得了了，管理者的办公室都起火了。

原来，当管理者发现火情之后，便马上要刚走进门口的员工拿水桶灭火，员工只知道执行拿水桶的命令，但是并不知道管理者的脑袋里想着什么，结果员工抱怨："早知道要救火，附近就有灭火器，干吗要跑老远去拿水桶呢？"

管理者说不明白，下属听不明白，这是企业沟通的一个常见问题。对企业的管理人员来说，和员工们相互沟通是非常重要的，因为，管理者要做出决策，就必须从员工那里了解到相关的信息，而沟通就成了两者最为重要的渠道。同时，在决策实施的阶段，管理者更需要和员工沟通，别让自己成为企业的"沉默者"。

上述就是典型的有沟通障碍的例子，如果没有良好的沟通，那么就无法明白和体会对方的意思，最后的结果会是在工作的过程中出现很多的障碍，事情很难圆满地解决。

有位知名企业家说了这样一句话，他说："再好的想法、再有创意的建议、再完善的计划，离开了与员工的沟通都是无法实现的。”在现实中，有很多的例子都阐释出了，如果工作中出现矛盾和问题，大部分的原因是由于沟通不及时或者缺乏沟通和交流导致的。所以，企业管理者要想管理好人和事，就必须和员工们交流沟通。如果一个企业的上级和下级不能沟通好，很多有价值的信息都会被埋没，那么员工就很难把工作给做好。

沟通就是为了能够达成共识，实现沟通的前提就是要与员工们面对现实，世界著名的零售企业沃尔玛决心要做的就是通过信息共享、责任分担实现良好的沟通交流。

沃尔玛企业的总部在美国的阿肯色州本顿维尔市，在公司内的行政管理人员，每个星期都要花费大部分的时间去世界各地的商店，通报公司所有的业务情况，让所有的员工共同掌握沃尔玛公司的业务指标。在任何一个沃尔玛商店内，都定时公布该店的利润、进货、销售和减价的情况，并且不只是向管理人员们公布，而是向每个员工公布。

沃尔玛公司的股东大会是全美国最大的股东大会，每一次都会让更多的商店总经理和员工们参加，让他们看到公司的全貌，了解真正的沃尔玛。每次股东大会结束，山姆·沃尔顿都会和妻子邀请员工们到自己的家中举办野餐会。在野餐会上，山姆·沃尔顿会和员工们聊天，讨论公司现在的发展状况以及未来的走向。为了保持行业信息的通畅，沃尔玛高层还特地注重收集员工的想法和意见，通常会带很多人去参加“沃尔玛公司联欢会”等。

山姆·沃尔顿认为，这么做就是让员工们了解公司的业务和发展的情况，共享公司信息，让员工们更好地完成自己的工作，同时也是和员工们交流和联络感情的核心。沃尔玛正是通过信息共享和分担责任完成了与员工沟通和交流的需求，达到了公司的目的。

安东尼·罗宾曾说过：“沟通是一门艺术。你不拥有这项基本技巧就不可能获得事业上的成功，这项基本技巧就是沟通能力。”所以，别让自己成为一个沉默的管理者，应该与员工和各阶层人员相互沟通。

都说交流是通往心灵的桥梁，企业管理者要想知道员工心中所想，最直接的方法就是主动和员工交流，知道他们的心思，如此才能更加有效率地完成工作。

2. 与“闷葫芦型”员工增多交流

有一个人开车到山上去，正对面恰好开来了一辆车，里面就有人大喊：“狗，狗，狗。”于是，这个人非常气愤地大骂了一句：“你才是狗呢！”等到该人拐弯的时候，突然出现了一条狗，结果因为来不及反应，硬是把狗给轧死了，赔了一大笔钱。

原来，正对面开车的人是在提醒那个人小心有狗，但是那个人却误以为是骂他是狗。

因为后者的不准确表达，导致别人将自己的好意当成了坏意。我们在管理过程中，难免会遇到不善于沟通的员工，如果管理者不和不善于沟通的员工交流，往往就会形成没有必要的矛盾，如果再不沟通有可能会升级到冲突，最后升级到势不两立，造成严重的损失。

小李一开始步入职场的时候，曾经听前辈们说过这样一句话：“要想在单位里面站稳脚、扎好根，就必须时刻保持谦虚谨慎的态度，然后按照上面的要求努力地完成好手头上的工作就行了，其他的事情尽量少管，以免为自己带来不必要的麻烦。”

对于那些经验丰富的人来说，作为刚刚步入职场的小李，对他们的建议深信不疑，并且采纳了。小李的性格比较内向，对于在上司面前表现或者是展示自己的能力的行为，他觉得难以接受，所以他只会选择沉默，不善于和他人交谈。

有一次召开一个会议，这个会议主要是关于策划方面的活动，整个会议当中，小李都是保持沉默的态度，即便是领导询问有什么观点和想法，他也是笑而不语，或者用“我没有什么意见”、“您的想法和看法我完全赞同”等类似的话来打发。

渐渐地，小李发现，在一些项目的推广上，领导再也不去了解他的看法了，而是把任务交给他的同事去负责。两年过去了，小李的同事全部升职了，只有他在岗位上平平淡淡。

像小李这般不善于交谈的员工有很多，他们埋头工作，不爱说话，或者缺少主见，从来不向别人透露自己的想法。那么，当企业管理者遇到“闷葫芦型”的员工该怎么办呢？答案就是“主动沟通”。

对于“闷葫芦型”的员工来说，他们最大的问题就是不想沟通，是自身的性情造成的障碍，他们沉默不语，往往让企业管理者头疼。但是，这并不能成为管理者退缩的理由，作为一个合格的管理者，应该使这类“闷葫芦型”的员工多开口说话，表达出内心的思想。因为，这不仅仅是员工个人发展的问题，也关系到企业管理者能否充分利用人才资源的问题。

有调查表明，不善于交谈的员工话虽然很少，但是他们身上有很多的优点，他们能够在危急的关头保持冷静的原则；能够平平静静地听别人说话，并且具有超强的协调能力，善于把相反的力量融合在一起；沉默的人秉持着“又说又练真把式”的原则，在岗位上恪尽职守，即使加班也不喊累；这类员工能够耐心地忍受惹是非的人。

由此可见，如果企业管理者对不善于交谈的员工弃而不问，对整个企业来说就是一种人力资源上的浪费，因此，我们不能像上面那个事例中的管理者一般，我们需要对不善于交谈的员工进行开发，打开他们的嘴巴，最后打开他们的心。

日本的管理之神松下幸之助说：“企业管理以前是沟通，现在是沟通，将来还是沟通。”员工的性格不是管理者能够决定的，但是作为企业管理者，不能因为员工不善于交谈的性格而放弃他们。金银财宝不会说话，但是它们的价值依然存在。企业管理者该拿出应有的耐心，主动去和不善于交谈的员工沟通。

3. 听听员工的牢骚与抱怨

小王是实验室的专业技术人员，在年度考评的时候，没有被评为“优秀”，于是心里很不服气，就找上级去发牢骚。他说：“我一年365天，只要是上班日，无论刮风下雨，我都按时上班，为教师准备的实验从来没有出现过差错，我管理的实验室都是一尘不染的，实验用品都被摆放得整整齐齐，为什么就不把我评为‘优秀’？”

对此，孙校长没有反感，而是耐心和小王解释说：“你说得都对，你是个尽职尽责的好同志，没有迟到过一天，按照学校的规定，你完全可以拿到满勤奖金和实验员的岗位津贴。”

小王听了就郁闷了：那为什么还不给自己评“优秀”呢？

孙校长继续说道：“但是，专业技术人员评优，不只是看出勤和日常工作，还要看在经验和理论上是否有心得。评上优秀的几位同志，在这方面都做得好。如果来年你在这方面再努力一点儿，我认为你还是很有希望的。”孙校长的一番话，说得小王心服口服。

作为企业的管理者，或多或少地会面对下属们的牢骚、怨气。面对无道理的牢骚，管理者可以一笑置之，但是下属的牢骚话有一定道理的话，那么就要引起重视了。企业管理者面对员工的牢骚，千万不能把它当成一桩小事情，不能把抱怨当作员工的幼稚和愚蠢的表现。一般来说，员工不会因为心存抱怨提出辞职，但是他们会在抱怨的时候因无人听取的情况下选择辞职，所以，管理者一定要认真倾听，拿出应有的耐心。

那么，作为企业的管理者，需要如何处理员工的抱怨呢？

（1）想要处理好抱怨，先接受抱怨者的心态

很多公司都希望员工少拿点儿钱，多做点儿活，领导希望下属永远言听计从，但是下属希望自己的领导少管自己一点儿。所以，作为企业的管理者，就得接受抱怨者的心态了，稳住员工，让其继续努力为企业工作。

（2）全方面地了解产生抱怨的客观原因

在企业当中，产生抱怨的因素有很多。比如，员工喜欢抱怨领导为什么总是分配给自己难的任务，喜欢抱怨工资少，等等。那么，企业领导就得将内心的想法告诉员工。比如分配难的任务其实是想锻炼员工，让员工从中汲取经验，学习更多的东西；而给予的工资少，是公司财务状况有问题，必须要有足够的资金保证企业能够运营，等等。

所以，当听到员工们抱怨的时候，企业管理者就要了解客观的原因，进行多层的分析，最后采取措施，让员工与企业达到有效地沟通。

（3）抱怨的原因需要区分出来

员工抱怨的原因有两种，一种是常规性的抱怨，比如工资低、工作辛苦等，这一类抱怨并不激烈，只需要沟通就能缓解，同时这类抱怨是无法消除的。第二种是突发性抱怨，这是企业管理者必须注重的问题，这种抱怨来自企业制度变化和临时性事件，所以必须及时果断地处理。

（4）用平和的沟通去化解抱怨

对企业管理者来说，其态度对员工影响甚大，面对抱怨的员工，就得

去沟通，用平和的心态去处理问题。人与人之间是相互尊重的，这也体现出当代很多企业都运用人性化管理的原因。通过交流，可了解到员工抱怨的原因，才能准确做出解决方案。

作为企业的管理者，一定要有耐心，培养耐心是每个管理者的必修课程。耐心能够使管理者和员工之间的关系更加和谐，耐心能够使人与人相处融洽，拿出自己的耐心，就相当于拿出了自己的真心，只要员工有自己的感知，就一定会了解管理者的良苦用心。

4. 表达出你愿意听他说的态度

作为企业的管理者，就该朝着做一个善解人意的倾听者出发，能够听得进别人的意见是十分重要的，它可以促进员工的工作积极性。

能否倾听他人心声，是衡量一个管理者沟通能力的标志。善于倾听，在无形中起到了尊敬和褒扬下属的作用，这就等于是在告诉下属："你说的东西很有用，我得仔细听听。"在一定程度上让员工得到了满足，对领导就会有感情上的一种好感，使领导和下属之间的距离缩短了很多。

小王是一家财经企业的编辑，每天审阅很多的稿件，但是这些稿件都是由自己的助手小斌审阅过后才给他批阅。

小斌是个刚刚毕业的大学生，在公司做起事来一丝不苟，深得领导赏识。因为企业是做财经的，每天都有很多稿件要核对数字，一点儿也不能马虎。小斌虽然是男生，但是却比女孩子更加细心。小王对小斌很信任，只要是小斌审阅过的稿子，小王都会批阅通过。

但是这几天，小王发现小斌总是闷闷不乐的，做起事来没精打采，他拿起这几天批阅过的稿件，发现出现了很多的低级问题。小王没有在办公室内批评小斌，而是等到下班把小斌叫到办公室，说道:“小斌啊，你看看这个稿子，这么简单的问题都出现错误，是不是最近比较累？我看你都有黑眼圈了。”

小斌支支吾吾的，但小王却说:“你知道的，我在办公室都没有什么架子，完全把你们当成自己的兄弟姐妹，有什么问题就和我说吧。”

小斌顿时像泄气的皮球，说出了最近的状况。原来是小斌的母亲生病了，需要一笔手术费。小斌是贫困家庭的孩子，双亲供养他上完大学已经不容易了，哪有钱去给母亲治病呢？

小王了解后，就给小斌预支了三个月的工资，帮助小斌渡过了难关。小斌对小王的帮助很是感激，在小王的帮助下，小斌渐渐地开朗了，工作起来更加努力。

倾听他人说话，是和一个人个性契合、心灵沟通的根源。倾听别人说话，还可以表现出自己已经敞开心扉，坦诚地接受对方，继而使得彼此双方能够进行心灵上的沟通。成功的管理者，就是因为懂得倾听他人心声才受到员工们的尊敬和爱戴。

5.
向员工询问建议

微软集团的第一个华裔副总裁是李开复，李开复对比尔·盖茨十分崇拜，比尔·盖茨为IT行业做出的贡献不仅仅是神话般的存在，他更让IT行业迈入了新纪元。

李开复表示，他对比尔·盖茨很欣赏，他举了这样一个例子：“我有一个朋友在微软，他的工作就是帮助比尔·盖茨准备演讲稿。这个朋友告诉我，比尔·盖茨每次演讲之前，都会自己先对演讲稿进行批注，并且认真地去准备和练习。所以，比尔·盖茨的演讲都会圆满地结束，演讲说得十分好。每次，比尔·盖茨演讲结束后，都会下来和我的朋友交流，问问他‘哪儿讲得好’、‘哪里讲得不好’，比尔·盖茨会拿个本子记下自己哪儿做错了、下次应该注意什么之类。”

李开复觉得，当一个人在事业上取得了成功，却还能这么敬业、这么谦虚、这么愿意去学习，这是十分难能可贵的，因为，很多人成为领导人之后，心理膨胀，变得高傲自大，觉得自己是个了不起的人。李开复说：“如果有比尔·盖茨那样强，那么就有理由去骄傲。”

有些人追求十全十美，原因是他们不是十分完美的人。有句话叫作“金无足赤，人无完人”，这句话的意思就表明了人没有十全十美的。企业管理者也是人，他们在处理问题的时候不会什么都明白，也是通过一步步地去学习才让知识层面提高。什么样的企业管理者算是成功的呢？无疑是要有比尔·盖茨一般的品德。

企业管理者对待工作的时候要拿出比一般员工更谦虚的态度，多多学习别人的长处，为自己积累经验，进化自己的才能，只有这样才能到达更高的巅峰。如果企业管理者自以为是，面对员工的意见甚是反感，那么最后会发现自己正一步步地失去权威和下属的支持。

孔子曾经说过："三人行，必有我师焉。择其善者而从之，其不善者而改之。"意思是说，几个人在一起，必定有值得自己去学习的人，同时，要虚心学习别人的长处，把别人的缺点当作是一面镜子，看看自己是否也有类似的缺点和错误。如果有的话，就该及时地改掉，没有的话更好。孔子生活在几千年前，他悟出了这样的道理，作为后人的我们，又怎能不虚心听教呢？所以，每一位企业管理者都应该养成不耻下问的学习态度，对员工的意见，好的话就去学习，不好的话要指出，如此才能得到下属的支持，与员工站在同一线上。

在一些公司或者企业里，有些领导人给下属发工资全凭着自己的心情，因此与人显得格格不入，最后和下属的关系弄得僵硬。孔子还说过这样一句名言，他说："四时行焉，百物生焉，天何言哉？"意思就是指天之于万物，虽然是居功至伟，却从不夸耀自己。作为企业的管理者，要明白"尺有所短，寸有所长"的道理，不应该四处去炫耀自己的本事，应该谦逊好礼，多虚心地向下属和其他人学习请教，面对员工指出来的缺点，要虚心地悔改，把员工们的建议放在心上。

国内某家大型制药股份有限公司的管理者说过这样一句话，他说："每个人的心里都会有一个底线。如果说一定是只有一个位置，而我们两个人非此即彼的话，很可能谁也容不下谁。但事实并非如此，企业并不像以前的家庭式作坊，企业是一个很大的组织。如果有人在某些方面强，我会安排他做适合他、能发挥其特长的工作。如果他综合能力比我强，我一定会推荐他到更高的职位去。有些下属在某一领域比领导的能力强也是很正常的事情，我们需要的是专业的人才，但我们现在发愁的还是人才不够多，有能力的人是我们求之不得的，特别是对正处于发展上升期的企业。个人的能力和才干都是非常有限的，虽然是领导，也不见得在各方面都比下属优秀。即使再能干的领导，也要借助他人的智慧，所谓尺有所短，寸有所长。”

承认自己的能力没有下属强并不是一件很丢面子的事，其实，发现和培养人才是企业管理者的重要工作之一。曾经有位管理者说，他的能力和智慧都一般，但是有一点是其他人无法比的，那就是他能把比自己聪明的人留在自己身边做事，这和他的性格有很大的关系。在他的身边，员工们的思想自由，不会因为上级和下级的关系察觉到上级的缺点而不敢去说，他们会勇敢地说出自己的意见，而这位领导人也虚心地去听，以至于整个公司都融成一团。这种虚心向下属学习的精神，真的能够让员工们产生敬意。

有句话叫作“当局者迷，旁观者清”，说的就是，当一个人处在混沌之中，自己是很难察觉到的，不过作为外人，却能很容易地发现问题所在。同样，企业管理者自身的缺点，想要发现却很难，但是员工们将其缺点看得透彻，提出来的建议都是精华所在。所以，企业管理者应该要将员工们的建议放在心上。

6. 让员工了解企业的发展状况

一家公司的总经理曾经向手下的员工明确地表示不满，说道：“在半年之前，我就曾宣布，要我们的公司进入鞋类产品的市场当中。你难道不明白，市场零售商对我们新产品有多大的接受程度，是多么的重要？”

那名员工老老实实地回答：“我确实没有在新的产品上下功夫，这是因为我不知道公司正准备大规模地向鞋业市场进军。其实，经理你应该明白，鞋类产品是一条重要产品线的组成部分，可是，却从没有一个人向我强调这个问题。如果我要是知道公司正准备全力向鞋业大市场进军，我自然会全力以赴。但是不能因为你说了一句‘下点功夫’，就指望我能够明白你的意思，你应该将公司的整体规划跟我说清楚。”

从上面这个例子我们可以看出，企业管理者给予员工知情权是一件极其重要的事，它关乎企业的发展动向，关乎企业员工的努力目标。如果不将企业的具体状况告知员工，十有八九会出现员工们的劲使不到一块儿去，做起事来事倍功半。

给予员工知情权，可以激发员工的积极性，带来意想不到的效果，就好比日本松下企业的“透明式经营法”，为企业发展创下一个又一个的高峰。

日本的松下企业管理制度基本上实现了透明化的管理，这对员工的工作积极性起到了极大的作用。

公司成立初期，松下幸之助就对手下的七八名员工开诚布公地说明了自己公司每个月的亏损和盈余数字。对此，那些员工大多数持半信半疑的态度。因为在当时，没有哪个公司的管理者会这么做，何况大多数的企业管理者都不可能清楚自己公司一个月到底做了多少生意。因此，更多的员工认为松下幸之助不过就是在员工面前摆摆谱、笼络员工罢了。

可是，没多久，大家就觉得松下幸之助说的并不是假话，并不是为了笼络员工而摆谱。大家发现松下幸之助的态度是真诚的，公司每个月的财务信息都会透明地向员工公布。

松下幸之助公开公司亏损、盈余的做法让员工感激之余，还更加努力地为企业发展做贡献。因为他们能够直接看到每个月因为自己的团结努力能为公司创造出来的业绩，进而让整个企业的员工产生一种共识：要在下个月更加努力地工作，取得更加出色的成果。

当松下幸之助的电器企业逐渐做大，并开设分厂的时候，也延续了这种开诚布公的激励政策，分厂的负责人每个月在向总公司报告亏盈时，也同样会向全体员工公开。

后来，松下幸之助将这种做法命名为“透明式经营法”，是企业管理学中的一个经典案例。松下幸之助对员工的坦白其实是对员工的一种激励方式，这种激励方式使很多员工很少对公司提出这样或者那样的要求，管理者和员工建立起一种信任、和谐的劳资关系。

我们常说:“员工能与企业同甘共苦，那么企业必定是优秀的。”作为企业的管理者，最希望的就是员工能够团结一致，为企业做出奉献。但说起来容易，实现起来就有难度了。不过，松下幸之助的“透明式经营法”对凝聚企业力量很有帮助。开诚布公，给予员工知情权，就是给予员工信任，让员工有种处在大家庭的感觉。

特别是在企业出现严重危机的时候，更应该开诚布公，让员工知道企业面临的真实情况，这有助于管理者和员工能够团结一致、同心同德。所以，给员工知道企业发展情况的权利是赢得员工支持、大力促进企业团结的有力方式。

20世纪90年代初，波音公司的产品产量大幅下降，企业出现了前所未有的危机。为了让企业走出发展的低谷期，波音公司的管理者们经过一阵商议，决定采取“以毒攻毒”的方式，将企业的危机原原本本地让全体员工明白。通过讨论，波音公司决定通过自曝惨状的方式刺激全体员工，以求获取全体员工的支持。

为此，波音公司先行拍摄了一部靠虚拟方式进行播放的新闻片子，画面是:在一个天色灰暗、让人备感压抑的天气里，公司很多的员工垂头丧气、拖着沉重的步伐，从工作了多年的工厂黯然地离开了，而厂房上还挂着一块“厂房出售”的牌子。公司的播音喇叭正在进行广播:“今天是一个特殊的日子，它宣告着波音企业的终结，波音公司已经关闭了最后一间厂房。”

员工们看到这部虚拟的片子之后，都强烈地意识到市场竞争的残酷无情，市场经济的浪潮随时都可能会将企业吞没，只有团结一致地拼搏，才有可能在这大浪潮中杀出一条属于自己的路，开创一片天地。否则，这部虚拟的场景就有可能变成现实。

这个时候，波音总公司的老总就告诉公司的各位员工：“如果我们公司不进行彻底的改革，这一天仍将到来。”波音的前总裁菲利普·康迪特也说：“我们的根本目的是为了确保在十年之后还能在电话簿上查到自己的公司。”

当员工们得知公司陷入了前所未有的危机当中时，深知如果不积极面对，危机只会更加严重。所以，员工们更加努力地工作，同时注意节约公司的每一分钱，充分利用每一分钟，从而使得波音工厂的飞机制造业迅速发展。仅在当年，波音飞机制造厂制造飞机的成本就减少了上亿美元，经营成本也降低了 1/5 到 1/3。

当波音公司的发展出现危机时，企业的管理者选择的并不是掩盖公司面对的危机，而是让企业的员工都感受到危机，以此激发出员工的忧患意识和艰苦奋斗的精神，终于帮助企业顺利地渡过难关。

在企业的经营过程当中，企业难免会出现很多难以解决的问题，但这个时候千万不能隐瞒，要将真实的情况告知每一位员工。如果管理者不能将公司的有用信息告诉员工的话，就有可能让员工陷入困境。对于大多数员工来说，知道公司的实际情况永远比不知道的好，即使他们听到的是坏消息。因为这个时候，员工都能够根据实际的现实情况而不是按照自己的想象来处理问题。及早地公布真实情况，可以让员工尽快地适应新生活。

同时，开诚布公，让下属知道公司的实际情况，可以让下属以为老板将自己视为自家人，这就可以激发员工内心的自豪感和企业主人翁意识，可以更好地让企业员工为企业发展奉献自己的力量。

7.
营造一个平等的沟通氛围

在企业的管理方式上，美国的惠普公司采用的管理方式是“走动式方式”。这种管理方式是一种不拘泥于形式的管理，很有企业特色。

在惠普公司，办公室的布局十分特殊，全体人员都在一间宽敞的办公室当中，各级部门当中用矮屏分隔，成为企业管理模式上的最大特征。这种管理模式可以让企业管理者在自己公司部门当中随意地走动，或者总是能够出现在员工的视野当中，使员工和员工之间保持着亲密的合作关系。

这种宽敞式的办公方式可以让整个惠普公司的管理者及时了解每个员工的问题和看法，让员工感受到家庭般的温暖，以此加强彼此间的信任和相互尊重。

在和员工的沟通当中，管理者千万不要人为地在自己和下属之间设置各种屏障、分隔。案例中，那间敞开的办公室就在给公司创造出员工之间人人平等的气氛，同时也打开了管理者和员工之间进行沟通的大门，并以此作为了解自己下属的方式。相互沟通，带来了领导和员工之间的相互了解，同时也带来了相互之间的合作。所以，沟通是一个目标明确、增强团队凝聚力的过程。另外，良好、有效的沟通，是公司领导对下属员工关怀的体现，也是尊重的直接表现方式。

企业的员工组织是一个严密、整体的组织，企业中的各个部门、岗位都是企业链条中不可或缺的一个环节。因此，要想实现企业的发展目标，就必须要协调各个部门、各个岗位之间的工作，以此来完成生产任务。这样一来，沟通就显得极为重要。而要想进行有效的沟通，就需要以相互信任为基础，这就要求管理者信任手下员工，员工也能相信自己的上级。

小丫今年20岁，是一个文静乖巧的女孩，平时说话走路的声音都很轻。小丫本来是在企业做策划的，但是却被部门经理调去做销售。

小丫到了销售部后，一个星期下来，没有卖出一样东西。对此，部门经理很是生气，觉得小丫就是一个废物，对企业没有一点儿的帮助。于是，小丫被无情地辞退了。

过了两年之后，商场上出现了一个做策划的女强人，部门经理听说后，想出重金聘请。好不容易见到女强人后，才发现原来是自己曾经辞退的小丫。一个连销售都不会的小女孩，怎么会在两年之内跃升为女强人呢?

原来，小丫不是不会销售，而是很害羞，每每有顾客来的时候，她说话都极其小声，细声细语的表达让顾客很不习惯，所以没有卖出一件商品。小丫的这种性格只适合在企业背后指导、出谋划策，为企业想出优秀的方案。部门经理很是后悔，于是问小丫当初为什么不对他说留下来，小丫却说道:“我需要的是一个平等的沟通氛围。”

从上面的例子中，我们了解到，整个过程中，全部都是由部门经理占据了主导地位，小丫没有一点儿发言的余地。部门经理不给小丫说话的机会，又怎么能了解到小丫的真实想法呢?

如果在一个企业当中没有和谐的沟通氛围，公司的一些基本决策是不能很好地传达下去的，同时公司下面的情况也就不能如实地向上层传递，公司内部的各个部门就会发生冲突，进而导致工作效率的降低。

中国有句古话叫作“相由心生”，说的是一个人要是拥有一颗正直、真诚的心，是可以从他的相貌、声音、说话语气等外在的表现展露出来的，无形中让人觉得容易被人接受，沟通起来就更加顺畅。在和下属交流的时候，企业管理者要注重诚恳的态度。中国有句俗言:“种瓜得瓜，种豆得豆。”你用什么样的态度待人，别人也就会用同样的态度待你。

要想建立一个具有合作精神的团队，首先就要建立一个平等、和谐的环境。要想在公司员工之中形成一种平等、和谐的沟通氛围，就要做到企业的管理者不要常常将自己摆得高高在上。平等的氛围能激发员工的活力，可以让员工知道自己的贡献已经得到上级的重视和认可，才能更好地承担更多的责任。

第九章

管理效率课：与其埋头苦干，不如抬头巧干

效率是企业一直在反复强调的话题，一些员工习惯拖延，效率自然底下，还有一些员工一直在埋头苦干，却迟迟没有成效，这就是方法不当的缘故。完成任务的方法从来不会只有一种，科学、理性地解决问题才是提升效率的关键。

1. 把复杂的问题简单化

工作的时候总是有很多问题纠结在一起，不但使人头脑混乱，而且会降低工作效率，影响业绩的提升。所以，要想提高工作效率，一定要懂得把复杂的问题简单化。当同时有两个方案出现的时候，能准确地选择相对简单的那个。

美国威斯门豪斯电器公司董事长唐纳德·伯纳姆在《时间管理》一书中提出，在做每一件事情时，可以问问自己："能不能取消它？能不能把它与别的事情合并起来做？能不能用更简便的方法来取代它？"当企业员工遇到很多问题一起出现的时候，就可以用这三个问题来自问，不要被复杂事物的表面所蒙蔽，条理清晰地将问题解剖开来，抓住问题的本质：问题所要达到的目的是什么，现在所遇到的阻碍又是什么？问题明朗化的时候，就会发现它其实只是一个很小、很简单的问题。

小孙是一名保险推销员，但他不想再干这一行了。因为他的工资水平不但是最低的，而且老是因为工作的原因受到客户的辱骂。当他把辞职信交给人事部的时候，人事部主任问他辞职的原因，小孙说自己胜任不了。

人事部主任什么挽留的话都没说，只是给了他一份资料说："这是我们这一区最难搞定的客户，我给你一个星期时间，如果你能成功拿下单子我就让你辞职，并且毫无条件地发放你的全部工资。但是，如果你现在就拒绝我，或者一个星期以后你没做到，那你自己回去收拾东西离开，并且一分钱也拿不到！"

小孙觉得又气又委屈，但是为了几个月的工资，他只好拿起资料走了回去。他认真地研究了那份资料，发现那的确是个难以搞定的客户。于是，他制订了一份很复杂的计划，这份计划甚至包括了对方如果不在家怎么办，对方如果骂人怎么办，甚至他还想好了对方放狗咬他时应该采取的措施。

一直到最后一天，小孙都还是待在家里完善自己的那份计划，其中包含的内容五花八门，估计任何人看了都会头痛。但计划做得再周密，终究还是要行动的。小孙想自己现在只有两个选择：要么直接去找客户谈；要么收拾东西，工资想都不要想。但是那几个月的工资小孙不愿意那么白白地不要了，最后一咬牙，他决定还是去看看，大不了被臭骂一顿，或者被狗咬一口。

事情发展的结果，完全出乎小孙的意料，他假想的每一种情况都没有出现，对方反而是很客气地接待了自己，只是询问了一些必要的问题之后就很爽快地签了合同。小孙糊里糊涂地拿下了自己的第一张单子。回去的时候小孙去找人事部主任，然而不再是辞职了，他要拿回那封辞职信。小孙意识到，以前都是因为自己把简单的事情想得过于复杂，才使自己的工作效率得不到提高，不仅使自己没有完成本职工作，更差点否定了自己。

很多人喜欢把简单的问题复杂化，事实上这无疑是在浪费时间。工作中追求的不是过程，而是结果，领导注重的也只是员工给他带来的最终效益。所以，不管是任何情况，提高工作效率，化繁为简的做法总是不会错的。

对领导而言，他要的不是一个有一大堆知识，面对具体问题的时候又不能提出切实可行方案的纸上谈兵式的员工，他更倾向于一个能把问题简单化并快速有效地解决的人。提高工作效率就是提高企业的效益，每位员工和企业的利益都是密切相关的，没有企业愿意供养一个什么事都不会做却大话连篇的博士，因为问题得不到解决的时候，那些知识连装饰都算不上，只能算是累赘。很多时候我们觉得问题难以解决并不是因为缺少信息，往往是因为信息太多，使我们看不到问题的本质，才造成解决不了的困境。

有一家企业，每个月要寄发的订购单，加起来大概超过一万张，光是寄出订购单就要花很多时间，也要花费很多金钱。尽管如此，在发订购单的过程中还很容易出错，很多供应商收不到，或者是延期了，或者是半路丢失了。有时候，补寄了对方还是没有收到，再补寄还收不到。因为没收到订购单，货就没进来。企业想了很多方法都没有解决这个问题，耽误了很多事情，造成了不少经济损失。

后来请了一个专家帮他们解决问题。专家跟他讲，你为什么要用邮寄，而不直接用传真？公司说有的供应厂商不愿买传真机，专家就说十几年前一台传真机十几万，厂商可能心疼这笔钱，现在一台传真机五六千元。如果他还是不买你就自己掏钱买给他，这笔钱以后从货款中扣回。

这家企业按照专家的方法去做了，很快就不存在这个问题了，每次订购单都能及时被对方接收到。

只有效率才能体现出工作的价值，没有效率的工作就是在浪费时间和生命，而把复杂的事情简单化就是提高效率的最好途径。事情能够简单，就尽量简单一些。

2. 放弃埋头苦干，去找方法

有一次，美国大思想家爱默生和他的儿子想把一头牛牵回牛棚，可是他们两个人一个在后面推，一个在前面拉，吃奶的力气都用上了还没能让那头倔强的牛迈出一步。父子俩很是无奈。这一幕被一个女佣看见了，她说她可以让这头牛乖乖地听话。只见，她拿出一把青草给这头牛吃，牛一边津津有味地吃着草，一边一步步地跟着女佣往前走。就这样，女佣轻易地把牛牵回了牛棚。

在企业里大家都喜欢埋头苦干的“老黄牛”，毕竟“业精于勤荒于嬉”，勤奋肯干是员工必须要具备的素质，也是通向成功不可或缺的条件之一。但是，做什么事情都是要讲方法技巧的，就像女佣利用青草来引诱牛往前走一样，如果有省时省力效果好的办法可以用，何乐而不为呢？

在执行过程中，要善于找方法，找最能发挥执行力的工作方式，要苦干加巧干，好钢用在刀刃上。巧干，就是要积极开动脑筋想办法，寻找解决问题的捷径，提高工作效率，而不是一味地埋头蛮干。

乔·吉拉德有美国“销售之王”的美称，他的影响力已经超越了汽车销售行业的范围。有人问乔·吉拉德是卖什么的，他说：“是全世界最好的产品——独一无二的乔·吉拉德。”

可是乔·吉拉德在35岁以前，却是个彻头彻尾的失败者。他曾经做过洗碗工、送货员、电炉装配工等四十多个工作，可以说事事不如意，处处不顺心。

乔·吉拉德在刚进入推销行业的时候，因为患有严重的口吃，所以连话都说不利索。尽管他一年打出了两千多个电话，平均每周40个，但是却连一件产品都卖不出去，令人沮丧。

为了取得业绩上的突破，他分析了公司的销售图表，发现公司80%的收益是由20%的客户所带来的，这就是我们现在熟知的二八定律。而他却在每一个客户身上都花了相同的时间，也就是说他付出的时间有80%相当于是被浪费掉了。

此后，乔·吉拉德采取了有针对性的苦干加巧干的措施，他把所打的电话都记在卡片上，这样每周有四五十张卡片。接下来，根据卡片的内容安排下次的话题，列出那些潜在的重点客户，并且将自己的精力和时间都集中在最有希望的那20%的客户上。

坚持一段时间后，他的工作效率大大提高了，他的业绩也迅速地好转起来。

就是凭借这样的方法，乔·吉拉德在15年中共销售了13001辆汽车。他连续12年平均每天销售6辆车的纪录，至今无人能够突破。

乔·吉拉德及时反思了自己的工作方法，认识到了自己工作毫无成果的原因：自己对客户平均用力，结果是对劳动力的极大浪费，是一种蛮干，而不是巧干。本来有80%的客户其实不需要投入那么多的精力，只要20%的精力就可以了，真正能产生效益的那20%的少数客户，才需要花费80%的精力去对待。

经济学中著名的二八定律告诉我们：如果我们将时间和精力花在琐碎的问题上，那么80%的付出，也只能取得20%的成效；但是如果将时间和精力花在重要的问题上，那么你就可能取得80%的回报。

俗话说得好，条条大路通罗马。要完成工作任务，方法肯定不止一种，管理者要在工作中与下属配合，找到那条最省力、效果最好的路。

阿普顿是位出身名门的高才生，他曾经担任发明大王爱迪生的助手。

有一次，爱迪生让阿普顿测量一个梨形灯泡的容积，他急着要用到这个数据。

阿普顿接过灯泡后，先用标尺测量，但是这个灯泡形状很不规则，然后他又套用一些复杂的数学公式计算。好几个小时过去了，他还是没有得出结果来，抱着个灯泡在那里着急。

这时候，爱迪生走了过来。他拿起灯泡，往里面注满水，然后递给助手说："你去把灯泡里的水倒入量杯，就会得出我们所需要的答案。"

此时，阿普顿才恍然大悟：自己先前忙碌的几个小时完全是白费力气，他压根儿没有忙到点子上。

其实工作中的很多事情，都不需要我们累死累活地蛮干。有时候，只要我们换个角度思考一下，就能得到更简便快捷而且有效的解决方法。工作需要勤奋，但是勤奋的最终目的还是要执行到位、解决问题。如果汗流浃背地干了很久还没有做出成果，那其实是对人力资源的浪费，是执行力偏低的表现。

要想执行有方，不浪费宝贵的精力和时间，要养成爱思考、爱创新的工作习惯。因为不一样的工作方法，可能会使工作效率相差很大。只要在工作中注意寻找科学的方式方法，就一定能提高工作效率，不浪费力气，成为执行有方、游刃有余的员工。

3.
如何解决下属的拖延症

很多领导都有这样的经验，对自己的某个下属，你明明已经说过很多次，告诉他该什么时候完成自己的工作，但是他还是不能及时完成。原因到底在哪里？于是许多领导便直接呵斥批评下属，但是效果作用并不大。其实若没有深入了解下属的内心，而不断地去纠正他的行为，反而会适得其反，让问题更为严重。面对这种类型的员工最好的办法是让他负起直接的责任，例如你可以让他担任某个项目小组的领导人，学会为别人承担责任。

面对凡事爱拖延的下属，一个好的领导者应该做到勤跟下属沟通。领导应该事先沟通准时完成工作的重要性，并提醒他们哪些地方因为时间关系而无法做到，最好可以事后再调整，这样可以减轻他们的心理负担。而在他们取得成绩时，哪怕是微不足道的小成绩，也不要忘记随时赞扬。通过赞扬会使下属的虚荣心得到满足，将会有利于开展工作，促进交流。对其不良行为和缺点也不宜直接予以否定，应采用委婉或幽默的方式谈出来，这样下属才易于汲取教训。事实上，在面对下属的任何问题时，都不应只看其外在的行为，而应深入了解其心理层面的因素，这样才能对症下药，解决问题。

美国著名的将军麦克阿瑟在其回忆录中是这样记载他在西点军校的学习生涯的，他说，“我接受的第一个观念就是，没有任何借口，不要拖延，立即行动！如果第一次我因疏忽或别的原因没有及时擦亮我的皮鞋，我以种种借口逃脱了惩罚，第二次、第三次……久而久之，至少在擦皮鞋这件事上，我可能就会养成寻找借口的习惯，而这些借口又会让我对擦皮鞋这件事无故拖延”。可见麦克阿瑟的经历不失为一个成功的例子。想想吧，如果不是擦皮鞋，而是在战场上，在修筑工事，在对敌冲锋……这样的习惯将会造成多么可怕的后果，但是将军后来克服了这个缺点，最终成功了。

其实，商场就是战场，工作就如同战斗。要想在商场上立于不败之地，就必须拥有一支高效的、能战斗的团队。任何一个企业家都知道，对那些做事拖延的人，是不可能报以太高期望的。

职场中，今天该做的事拖到明天完成，现在该打的电话等到一两个小时以后才打，这个月该完成的报表拖到下个月，这个季度该达到的进度要等到下一个季度，今年该完成的任务拖到明年。人们都有这样的经历，清晨闹钟将你从睡梦中惊醒，想着该起床上班了，同时却留恋着被窝的温暖，一边不断地对自己说该起床了，一边又不断地给自己寻找借口“再赖一会儿”，于是又躺了 5 分钟，甚至 10 分钟……凡事都留待明天处理的态度就是拖延，这是一种很坏的工作习惯。每当要付出劳动时，总会为自己找出一些借口来安慰自己，总想让自己轻松些、舒服些。

为什么有的人如此善于找借口，却无法将工作做好，这的确是一件非常奇怪的事。因为不论他们用多少方法来逃避责任，该做的事，还是得做。

而拖延是一种相当累人的折磨，随着完成期限的迫近，工作的压力与日俱增，这会让人觉得更加疲倦不堪，这显然不是一个明智的选择。拖延的背后是人的惰性在作怪，而借口是对惰性的纵容。喜欢拖延的人往往意志薄弱，他们或者不敢面对现实，习惯于逃避困难，他们面对的目标和想法太多，导致无从下手，缺乏应有的计划性，另外有的人认为条件不成熟，无法开始行动也是导致拖延的原因之一，但更多的时候这被证明是一个借口。

我们常常因为拖延时间而心生悔意，然而下一次又会习惯性地拖延下去。几次三番之后，我们竟视这种恶习为平常之事，以致漠视了它对工作的危害。但是，拖延绝不是一种无所谓的耽搁。一个公司很有可能因为短暂的拖延而损失惨重，这并非危言耸听。

1989 年 3 月 24 日，埃克森公司的一艘巨型油轮在阿拉斯加触礁，原油大量泄漏，给生态环境造成了巨大破坏。但埃克森公司却迟迟没有做出外界期待的反应，这在当时掀起了轩然大波，以致引发了一场“反埃克森运动”，甚至惊动了当时的布什总统。最后，埃克森公司不仅经济损失达几亿美元，而且形象也严重受损。

由此可见，拖延并不能使问题消失也不能使解决问题变得容易起来，而只会使问题深化，给工作造成更加严重的危害。本来很小的问题，会像滚雪球那样越滚越大，解决起来也越来越难。所以，作为一个企业的领导应警惕这方面的问题。

4.

一次完成，别让返工浪费时间

现在有很多员工，在做事的时候都不仔细想想该用什么样的方法，一接到任务马上就开始行动，直到完成为止。虽说马上执行、绝不拖延这是敬业的体现，但实际上，大多数工作还是需要我们费尽心思去思考的。如果员工什么都不想，就开始做一份工作，也只是看起来很努力，最后的结果往往不尽如人意。而管理者的职责就在于告诉他们问题出在了哪里。

夏宇毕业后，在一家广告公司找到了一份做设计的工作。由于自己没有什么经验，他担心自己不努力工作的话，就会被老板解雇，所以，他工作起来比谁都卖命。

有一天，老板给了他一个工作：给某一位客户设计户外灯箱广告。由于完成任务的时间非常紧，夏宇就没有仔细审核广告的校样。

当设计好的广告送到客户那里，并准备安装时，客户发现了一个问题：在设计的广告中弄错了一个电话号码——服务部的电话号码被打错了一个数字。

客户对此很生气。

本已疲惫不堪的夏宇一面忙不迭地向客户道歉，一面表示马上修改这个错误。忙了大半天才重新弄好。

事后，老板对他说："夏宇，你工作很努力，我们都知道，但你也要注意点方法，就拿这件事情来说吧，如果事前认真一些，把事情做好，就没有必要再耽误一天的时间了。"

听到老板的话后，夏宇一个劲地说："老板，对不起，我下次一定注意。"

我们无法得知夏宇是否还会犯这个错误，但可以非常清楚地知道，如果工作的时候没有第一次就把事情做好，那么结果势必很难让人满意。更重要的是，在开始的时候一旦没做好，到最后才发现错了，结果还得重新来过。

这样一来，我们就得花费双倍的时间和精力来工作。就拿夏宇的经历来说，他只是不小心打错了一个电话号码，看起来这只是一个小得不能再小的错误，但是，这个错误却可以给他造成一系列的麻烦和损失。如果修改后影响到灯箱效果的话，那么还得重做。

如果一个员工没有第一次把事情做好，那么只是一个任务没有很好地完成；如果一个部门领导这样做的话，那么就会浪费掉公司大量的时间和精力。更为可怕的是，这种错误往往不仅让自己忙，还会放大到让很多人跟着他忙，进而给公司造成巨大的经济损失或形象损失。初次执行没能完成任务的问题在哪里，是企业管理者和员工都需要思考的问题。

詹姆斯是一名比较有名气的企业顾问。

有一天，一个企业家来做咨询，他对詹姆斯抱怨地说道:“我的工厂总是不能按期完成生产计划，总是延期发货，客户们为此怨声载道。为了赶工期，我不得不又招了100名工人加班加点地赶工，但是生产进展永远都赶不上增加的订单。”

詹姆斯去他的工厂考察了一番：那是一家非常现代化的大工厂，生产设备非常先进；有7条装配线可以把不同的部件组装在一起；在每条装配线的尽头都设置了检查站，一旦哪个环节出现问题，质检人员就会记录在一张单子上。而几乎每台机器都会在某个环节出现不同程度的问题，出现问题的产品被送到返工站，那里搭建了几个工作间，由最有经验的工人负责返工的工作。返工之后，产品就可以出厂发给客户了。

詹姆斯在考察的整个过程中没有说一句话。午餐的时候，企业家终于忍不住问詹姆斯:“有什么办法可以减少返工的次数？”他还列举了一些不能不返工的条件：

1．机器在生产过程中是不可能不出现错误和问题的。

2．所有的工人都很努力，大家都没有偷懒工作，为了工作，他们甚至可以工作到夜里12点，这已经是工作的极限了。

3．我们的技术已经是最先进的了。

詹姆斯笑道:“我给你的方法非常简单，就是取消返工区。不妨试一下。”

“把返工区取消？哦，不，先生，您不是在跟我开玩笑吧？这样的话，返工的产品在哪里重新修复加工？要知道返工的产品占了全部产品的30%！”

詹姆斯说：“我当然不是在开玩笑，你只要做一件事就可以解决所有的问题，而且以后永远都不会出现返工。我希望你能尝试一下，当你尝试了，肯定会吃惊的。”

“这是不可能的！”企业家叫道。

詹姆斯先生没有说话，只是拿出纸笔，写下了这样的建议：

1．立刻把返工站关闭，让那里的工作人员回到各自的生产线当中去，做指导员和培训员。

2．在生产线尽头摆上3张桌子，让质量工程师、设计工程师和专业工程师各管一张。

3．将出现的缺陷按“供应商的问题”、“生产过程中产生的问题”以及“设计的问题”进行分类，并且坚持永远、彻底地解决和消除这些问题。

4．将机器送回生产线修理。

5．建立“零缺陷”的工作执行标准。

这位企业家虽然不相信如此简单就能解决他的问题，但还是按照詹姆斯的建议进行了改进。结果，他们发现了许多问题。比如，订购零件时，只看价格高低；没有对生产线的工人进行很好的培训；有的人接受了这样一种观念，就是一切都需要返工。

几星期之后，这位企业家吃惊地发现，生产进度发生了质的飞跃，无论订单如何增加，他们总是能够按时甚至提前完成。不仅如此，他们还在制造车间立了一个标志板，上面写着生产无故障、无缺陷产品的天数。随着时间的推移，这个数字越来越大，且他们还学会了检查新产品的好方法：工人一边装配，一边将出现的问题提出来并解决掉。不仅如此，一般情况，工人们每天只要工作 8 个小时就能完成任务。

最让企业家兴奋和自豪的是，由于员工们生产速度快，提供的产品质量稳定、性能可靠，很快便占据了本行业最大的市场份额。日本企业原本已进入了这一市场，但由于看到该公司的领先水平，最终选择了退出。这家企业也成了所属行业中第一家打败日本企业的美国企业。

取消返工区，其实就是告诉大家：第一次就要做对。这样看来，“第一次做对”是如此的重要。公司的领导必须要给下属灌输这样的观念：要想高效率地完成工作，就必须第一次就做好。

5. 适当加压，规定任务期限

动力是由压力产生的，如果一个人试图逃避压力，那么他就会失去前进的动力。当然，这种压力必须是适度的，不能过大，如果压力大到了超出自身承受的最大限度，那不仅无法获得继续前进的动力，而且还会使人在巨大的压力面前丧失信心，甚至一蹶不振。

压力适度，不但是行动的最好保障，而且往往能把潜能发挥到极点，创造出令人震惊的奇迹。可以说，适度的压力是潜能之母，适度的压力能够使人们产生充足的动力。

现代汽车的创始人郑周永从一无所有到富甲一方所经历的重重苦难，使得他比一般人更深刻地感觉到压力的重要性。他在总结现代汽车的发展过程时说："韩国的资源非常欠缺，现代汽车要想有所发展的话，只有不断地逼自己。"

他又说："工业革命之所以会发源于温带国家，不是没有原因的。原因可能就是由于这些国家气候条件非常差，生活条件困难，他们不得不逼迫自己去谋求一条生路。日本工业能发展得如此快，也是在地瘠民困的压力之下产生的，这也是压力所促成的；今日韩国工业的发展，也可说是在'退此一步即无死所'的压力条件下产生的。"

没有压力的推动，企业就很难生存和持续发展，对于个人事业的成长和进步同样如此。

正是因为有了竞争的压力、失业的压力、老板施加的压力以及生活的压力，员工才能更加主动地为企业创造价值，才能更加热情地迎接挑战，才能更有效率地完成任务。

管理者在给下属布置任务时，规定一个完成期限或者任务标准，会是一种非常好的提升效率的方法。那些办事效率高、工作业绩出色的优秀员工往往会把上级规定的完成期限提前一段时间，那些习惯拖延的员工也会迫于时间压力而提升行动力。

詹姆斯是一家电子厂的大老板，厂里的工人总是不能很好地完成生产指标，这已经严重地影响到了公司的业绩。詹姆斯对此十分不解，他认为工厂的负责人是个很能干的人，按道理不应该出现这样的情况。

一天，他把该厂的负责人叫到一边，非常生气地质问道："你怎么搞的，像你这么能干的人怎么会不能很好地完成规定的生产指标呢？"

负责人回答说："我曾严厉地批评工人，扣除他们的奖金，甚至恫吓他们，但无论采用什么办法都没有效果，他们就是不愿意干活。"

说话间，上白班的工人下班时间到了。

詹姆斯看了看工人，对负责人说："给我一支粉笔。"然后，他转向旁边的一个工人，问道："你们今天一共生产了多少产品。"

"56个。"

于是，詹姆斯便在地板上写了一个大大的数字"56"，然后，一句话也没有说就走了。当夜班工人进来时，他们看见地板上这个"56"数字，便互相询问是什么意思。

"老板今天来这里了，"白班的人回答，"他问我们完成了多少产品，我们告诉他56个，他就在地板上写了这个56。"

第二天，詹姆斯又来到工厂，他惊奇地发现，夜班工人已将数字"56"擦去，而是换上一个大大的数字"78"。当白班工人来上工的时候，他们看见的是一个大大的"78"写在地板上。

"他们以为比咱们做得出色吗？好吧，给他们点厉害看看！"白班工人的求胜欲望也被激发了起来，他们更加努力地工作，在下班前，他们留下了一个神气活现的数字"102"。

就这样，这家电子厂的业绩慢慢地好了起来，没过多久就赶上了其他工厂的业绩，而且还大大超过了它们的效益。

压力其实是一种挑战，如果领导学会通过用压力来刺激员工效率，让他们感受到挑战的激情，激发起他们工作的热情，往往就能取得出乎意料的效果。压力实际上也是一种动力，如果一个人没有了压力，就会失去前进的动力，这实在是件非常可怕的事。

6. 分清工作的轻重缓急，再做安排部署

辨别事情的轻重缓急，急所当急，是个人管理之匙，也是考核一个领导是否合格的方法之一。人生最宝贵的有两项资产：一项是头脑，一项是时间。一个成功的人一般都很善于运用这两项资产。团队效率的关键也在于管理者的分配，能否分清事情的轻重缓急，并以此及时妥当地为下属安排工作，决定了团队效率的高低。

张俊是某公司的网络主管。有一天，老板在电话里对他说："接到上面的通知，公司网站有一些东西不符合有关规定，要限期整改。你务必在两天之内把这项工作完成。"

接到任务后，张俊就把这件事情交给小赵去做了。第二天，老板打电话过来询问。

张俊就把小赵喊了过来，问他："我昨天交代你的事做得怎么样了？"

"公司正在进行局域网改造，我没有精力更改网页，所此，我正在联系外面的单位给我们制作。由于工程太小，不容易找到单位。"小赵说。

听到这样的结果，张俊很生气，说道："我昨天不是叫你马上去做吗？"

小赵低着头不敢说话。

张俊只好对老板说："昨天大家都在忙着改造局域网，所以您昨天交代的事情还没完成。"

"网页不改动，人家就会把我们网站给封了，你们改造局域网给谁用啊！今天，你们务必把网页改好。"老板愤怒地把话说完就挂了电话。

张俊知道，在一天之内要把整个网站的东西改好有点麻烦，于是就叫小赵打电话给托管公司，让他们把网站先关了。结果到了下班的时间，网站依旧“照常”。张俊追问为什么不办理？

“托管公司的电话打不通，我也没办法……”小赵说。

“立即放下手中所有的工作，给对方打电话，如果联系不上的话，就马上去他们公司，不管找谁，今天务必把网站给关了。否则，明天早上老板回来，我们都得被解雇。”张俊拍着桌子大声地说道。

事后，张俊觉得自己很委屈，自己明明安排下去了，可是下面的人就是不能按时完成。小赵也觉得很委屈，他心想，如果一开始上司就把事情的重要性跟自己交代清楚，那么自己一定能准时完成任务。

其实，这是我们工作中最常见的问题，领导责怪下面的人没有大局意识，下面的人责怪领导没有把事情交代清楚。作为领导，对于一件很重要而且又非常紧急的事情，一定要对下属交代清楚，让下属知道事情的重要性，尤其是对那些执行力和领悟力比较差的员工。

可以说，轻重缓急的决策不仅体现了一个领导的远见和认真的程度，而且决定了整个团队的基本行为和发展战略。轻者当缓，重者当急，至于关键性决策，由于和团队生死攸关，则是一秒钟也不能耽误和忽视。

那么怎样来分辨何事轻？何事重？何事该缓？何事又该急呢？一般来说，所有的任务都可以被分为以下四种情况：

（1）重要又紧急的事

和所有其他事情比起来，这些事情都更为重要，更需要马上解决。这些事必须第一时间着手处理。

（2）重要但不紧急的事

工作中大多数真正重要的事情，都不是很急的，可以现在去做，也可以稍后再做。管理者可以把这类工作作为次优先的事情。

（3）紧急但不重要的事

表面上看来，这类事务是需要立即采取行动的，但是冷静下来客观分析一下，又觉得应该把它们列入“第三名”的次序中去。

（4）既不紧急也不重要的事

很多领导误以为，既不紧急也不重要的事往往占用的时间和精力较少，干脆早点完成，好做那些重要的事情。实际上，这是本末倒置。是不是浪费时间，每个人都有不同的看法，但因为做这些事情而影响了工作效率肯定是得不偿失的。

事实上，领导在安排工作时做出怎样的决策，对团队效率有着非常重要的影响。在此过程中，万不可眉毛胡子一把抓，更不能固执行事，正确的做法应该是灵活应对，以控制好决策的过程，该先就先，该后就后，并让下属清楚其中的意思。

第十章

管理执行课：对团队绩效负责

执行力是企业和个人竞争力的直接体现，因此，比尔·盖茨才会说："在未来的十年内，我们所面临的最大挑战就是执行力。"绩效是执行效果的忠实体现，没有好的执行力就没有成果。因此，如果企业想要在竞争激烈的市场中拔得头筹，走出一条属于自己的成功之路，那么最需要做的就是培养手下员工的强大执行力。

1. 执行不是空洞的口号

我们经常看到，不论是在繁忙的马路上还是在工厂的车间里、办公室的墙壁上，到处张贴着各种各样的口号标语。喊口号确实有提振精神、明确目标的作用，但是这些口号往往不能落到实处，很多口号成了听起来不错的“表面工程”，缺乏执行力，喊过去就烟消云散了。

口号表达的内容或者期望都是美好的，不会有哪个企业喊出希望自己破产的口号，任何一个企业都希望员工能按照美好的口号去做事。但是，在喊好口号、做好宣传工作的同时，更重要的是要执行到位。无论是多么科学的决策、多么宏伟的战略、多么美好的设想，如果只停留在嘴巴上喊些口号，而不落实在执行上，也只能是“水中月”、“镜中花”，画饼充饥罢了。

在海尔文化中心里，有一条令人啼笑皆非的口号写在微微发黄的稿纸上：“不准在车间随地大小便”。很多人觉得这好像是一个笑话。其实，海尔的崛起正是从这句口号的严格贯彻执行开始的。

1984 年底，张瑞敏刚刚到电冰箱厂上任，这是一个濒临倒闭的小厂，产品粗糙，滞销积压，资金匮乏。当年，在他之前有三任厂长都未能在此立足，有的知难而退，有的被工人赶走了。

迎接他的，是 53 份请调报告，工人们 8 点上班 9 点就走，10 点钟全厂就找不到一个人了。工厂管理混乱，人心涣散，迟到旷工、打架斗殴都是家常便饭，甚至在车间抽烟喝酒、随地大小便等恶劣现象比比皆是、随处可见。工人明目张胆地偷窃厂里的财物，连车间窗户都被拆掉当柴烧掉了，几乎没有什么东西是不可以拿回家的。

面对这样一个烂摊子，张瑞敏没有畏惧，也没有退却。因为工人长久发不出工资，他就从朋友那里借来几万元钱，为每位员工发了一个月的工资，解决了员工的燃眉之急。然后，抛弃原来厂里一人多高的规章制度，重新制定了13条，并把这些制度写成标语贴在车间里。其中包括严禁盗窃工厂财物、严禁打架斗殴、严禁在车间大小便等一系列规定，狠抓落实，谁违反了规章制度就扣工资。

以前海尔也不是没有各种各样好听的口号，但是都没有执行到位，只是大家口头上讲讲罢了，谁也没有动真格的。只有张瑞敏来了，用他那把著名的大铁锤，砸碎了76台有缺陷的冰箱，砸碎了脆弱空洞的质量口号，砸出了员工们的执行力意识。

如今，海尔的执行力几乎成了各个企业学习的样板，海尔的OEC管理成为很多人眼中的法宝，正是靠着无可比拟的执行力，海尔走向了世界市场，把竞争对手都远远抛在了后边。

要切实把工作做好，就不要空喊口号。人们往往被一些激动人心的口号蒙蔽了理智，以为喊了口号就是做了工作。但是，口号喊得再好、再响亮，也只能挂在墙上看看，说在嘴上听听，变不成现实。

空洞的口号并不能为员工执行提供方向。可惜，很多企业或管理者误以为空洞的口号是提升执行力的精神食粮，这是一种非常错误的认识。

2.
执行要确认到最后一步

荷花开放的时候，第一天只开一小部分，到了第二天，它们就会以前一天两倍的速度开放。到了第 30 天，就开满了整个池塘。很多人认为，到第 15 天时，荷花会开一半。然而，并非如此。事实是，直到第 29 天时，荷花才仅仅开满一半，最后一天才会开剩下的一半，让荷花布满整个池塘。可以说，最后一天的速度最快，等于前 29 天的总和。

古人说的“行百里者半九十”，也是类似的道理。执行的关键往往在最后，最后步骤如果不到位，就会前功尽弃，前面的付出也就白费了。荷花差一天，都不能开满池塘，事情差一步，都会与成功失之交臂。越到最后，事情就越关键、越重要。所以，执行一定不能忽略最后的一步，最后的一步往往才是最关键的，是对结果影响最大的。

执行的关键在于到位，就像我们烧开水一样。前面烧得再旺，如果只烧到 99 摄氏度就停下来了，那么它仍然只能叫作热水而不能叫作开水，差一度都不行。99 度跟 100 度之间，相差仅仅 1 度，但却是一个量变到质变的飞跃。要实现完美的执行，就不能忽略最后的步骤。

某位企业家讲了一个自己亲身经历的故事：

在沿海改革开放时期，他应聘到了当地的一家创办不久但已经有了一定影响力的报社。当时那家报社最缺乏的是广告业务，而他上班不久就给单位带来了一份很大的见面礼。他的一位朋友要到这个城市的开发区投资，并计划在当地投放价值总计 83 万元的广告。在他个人的努力下，朋友最终将这笔业务给了他。因为业绩突出，报社准备提拔他为副社长。

开发区举行奠基仪式那天，他带上了社里最优秀的记者和广告部全体人员，赶到现场，计划进行大幅度宣传。在奠基仪式结束后，有位朋友邀请他去唱卡拉OK放松一下。盛情难却，再说他也感觉自己的工作基本完成了，已经到了收尾阶段，于是他向下属交代了一下就去了。那天，他玩到凌晨一点多钟才回家。

但是第二天早上，他就被社长一通训斥。原来，这天他们出版的报纸犯了一个最不应该出现的错误。头版头条的新闻标题本来应该是："某某开发区昨日奠基"，而摆在他面前的大标题却是："某某开发区昨日奠墓"。

当时南方沿海城市的企业都特别重视"彩头"，喜欢吉利的数字和文字，而把"基"写成"墓"，毫无疑问是犯了企业的大忌，更何况这还是开发区项目正式启动的第一天。

结果可想而知，朋友一怒之下取消了83万元的广告订单。不仅如此，报社的声誉也因此受到了很大影响，一些原本准备在这家报纸上投放广告的客户，也取消了自己的计划。

本来，他自以为派出的是报社最优秀的记者，可以非常放心。而且他离开之前，还特意请副总编对稿子严格把关。记者的稿子确实写得很好，但他手写的稿件字迹却很潦草，"基"和"墓"看起来非常相似。

稿子到了排版人员那里，他想当然地把"基"字当成了"墓"字。稿子排完版后，交到副总编那里，正赶上副总编家里有急事，于是他只匆匆看了一眼，并没发现这个错误，就签发了。

于是，原本想在那座城市大展宏图的他，黯然地告别了自己的梦想。

从表面上看，这位企业家前期工作做得很不错，但是，由于最后一个小环节没有落实到位，不仅"煮熟的鸭子飞了"，而且还给单位的形象和声誉造成了不可挽回的损失。所以说，最后的步骤不到位，前面的执行就是白执行，甚至会带来比不执行还要恶劣的后果。

很多人之所以执行不到位，原因往往在于自认为前面的步骤完成得很好了，很快就可以万事大吉了，因此心理上放松了，忽略了最后的步骤。做好最后一步，成果才会显现出来，少做一分都不行。前期工作做得细致周到，最后的步骤又毫不放松地落到实处，这样的执行才能获得成功。

3. 团队的执行以结果为导向

无论什么行业，也无论在什么岗位上，人们的工作其实有一个相同点，那就是追求某种“结果”。领导办企业是为了实现利润，使企业获得发展；管理人员上传下达，贯彻执行企业的战略意图，是为了团队有效顺利地发挥作用；基层员工接到任务兢兢业业，是为了达到上级要求的结果，同时实现自己的价值。领导、管理人员、基层员工都在“忙”，尽管忙的内容不一样，目标也不一样，但都是奔着“结果”去的，没有结果的忙就是无用功，就是“白忙”、“瞎忙”。

任何领导都希望自己的员工给自己带来理想的结果。对于员工个人来说，工作其实就是一个不断解决问题、取得结果的过程，成功之门必将为那些能取得预期结果的人敞开。如果在工作中，花费了大量的时间精力，却效率低下，收效甚微，到头来只是转了一大圈，却没有取得预定的结果，那么这种工作就是失败的。

在 20 世纪 70 年代的时候，韩国三星还只是一家为日本三洋公司做贴牌生产业务的加工厂，主要产品是利润微薄的廉价黑白电视机。到了 20 世纪 90 年代，尽管三星公司凭借自己在全球半导体芯片行业里的突出成绩，无论在产量还是企业规模上都获得了长足发展，但是在很多欧美国家的顾客眼中，三星仍是一家只会模仿别人技术、生产低端产品的不入流公司。

当年，索尼的笔记本电脑因为设计精巧而在市场上畅销，而三星开发笔记本电脑要比索尼晚得多。在笔记本电脑领域，为了与索尼公司经典的VAIO系列产品一较高下，三星高层要求研发人员要按照比索尼公司同类产品薄至少一厘米的高标准来努力。

“薄至少一厘米”，这在当时看来几乎是一个不可能完成的任务。

当时，主攻技术创新的陈大济，带领研发团队接手了这项艰巨的任务。研发人员勇于承担责任，并没有因为这项任务看似不可能完成而放弃努力。因为他们知道，如果实现不了比索尼产品“薄至少一厘米”的目标，三星笔记本电脑就超不过索尼。三星的研发人员经过8次反反复复的实验与提高，终于实现了目标，达到了预期的结果。

全球最大的计算机公司戴尔看到三星的产品后非常欣赏，他们马上派人采购，三星一下子得到了160亿美元的采购合同，成为高端笔记本生产的巨头之一。

如今，三星已经在众多的数码产品领域掌握了一系列尖端技术，例如CDMA手机、液晶显示器、超薄笔记本电脑等。三星公司在美国国家专利局申请产品专利的数量排名，也攀升到了第六位，已遥遥领先于索尼、三菱和日立等日本著名公司。正是三星公司的每一名员工对公司的责任感，忙就要忙出结果来的执行力，让三星不断发展壮大。

在工作中，一个具有完美执行力的员工，会竭尽全力，利用各种方法取得预期的结果。这样的员工是在为提高工作效率而“忙”，而不是像无头苍蝇一样四处乱撞，白白浪费时间和精力。在工作的过程中，他们的目的很明确，就是要结果，并最终做出出色的结果。因此，当我们在工作中接受某一项任务，并被要求提供一定的结果时，就要拿出高效的执行力，力求把最完美的结果带给领导。当然，这样的员工也会得到企业相应的回报。

一个效率低下的员工，会终日满足于尚可的工作表现，不思进取，虽然看上去整天不闲着，但是却没有效率，无法取得预期的效果。这样的员工，所有的付出都只是在浪费时间，他们的职业生涯也必将会失败。

有一位叫罗伯特·克里斯托弗的26岁的美国人，想用80美元来周游世界，他坚信自己只要按照这个目标一步步地去做，就能实现。于是，他做了一些准备：

首先，他领取到了一份可以上船当海员的文件；然后他去警署领取了无犯罪记录证明；又取得YMCA（美国青年会）的会籍；还考取了一个国际驾驶执照，并找来一套世界地图；与一家大公司签订合同，为之提供所经国家和地区的土壤样品；同一家航空公司签订协议，可免费搭机，但要拍摄照片为企业做宣传。

于是，罗伯特开始了自己的旅行。他用给厨师拍照换取免费的午餐，用一箱香烟换取船长让他搭船的机会，用同样的方法坐了免费列车，等等。

最终，通过为达到目标而进行的一步步行动，罗伯特实现了他用80美元周游世界的梦想。

罗伯特非常清楚地知道自己要达到的结果是周游世界，而且是尽量不用花一毛钱。所以，他所有的工作都是为着这个结果进行的，花最少的钱或者不花钱搭车、搭船、搭飞机，最终怀揣着80美元来了一次完美的环球旅行。

保证高效率才能保障执行力，工作就要指向结果。要达到预期结果最好是掌握有效的工作方法，而不是延长工作时间。有些人三更眠五更起，似乎每天都有忙不完的事情要做，他们为了完成任务而拼命加班，焦头烂额，结果却往往不尽如人意。

在工作中提高效率，更快更好地完成任务，并不是说要以牺牲自己的休息时间为代价。那样只会损耗体力和精力，只会把工作的战线越拖越长，使效率更加低下。我们要提高工作效率，提高时间利用率，这样才能从工作中享受到乐趣，从结果中获得成就感。因此，优秀员工的工作应该是高效的，是能够获得预期结果的。

4. 合理安排人员分工

中国象棋中一共有七种棋子：将、士、象、车、马、炮和卒。

“将”是棋中的首脑，是对方矛头指向，它能上能下，能左能右，就是不能出九宫之门；“士”是“将”的贴身保卫者，它只能在“九宫”之内沿着斜线前进或后退一格，不能平移；“象”走田字，它的主要作用是防守，保护自己的“将”；“车”是威力最大的棋子，只要无棋子阻拦，它就能横冲直撞，故有“一车十子寒”之称；“马”走日，因为它能到达四面八方的八个点，故有“八面威风”之说；“炮”是中国象棋中很独特的一个棋子，它的特点是直线隔子捉吃；“卒”则是永不后退的棋子。

下象棋的精髓之一在于合理运用这些棋子不同的特点和走法，或进攻或防守，或按兵不动，或主动出击，从而取得棋战的胜利。合理地安排人事，是管理者提升员工执行力的策略之一。作为一位领导，你可以不懂技术，但是必须要懂得如何用人，也只有把每一个员工调到最适合他们的位置，你的决策才能很好地执行下去，这样团队才能拥有强大的战斗力，企业才能发展壮大。

对于企业领导者来说，既然你在众多的求职者中招聘了对方，那么他们就不可能是个一无是处的人。如果他们在公司里没有发挥出真正的作用，那么一定是领导者没有发挥出自身的能力。关于这一点，我们从《三国演义》中也能得到一些启示，刘备在请到诸葛亮之前，虽然拥有关羽、张飞、赵云等一流的战将，但无立足之地。究其原因，主要是“关、张、赵，皆万人敌，惜无善用之人”。

作为领导，在安排人事方面切忌随随便便，一定要做到合理。领导者要围绕整体目标，明确分工和协作的范围，充分调动人的积极性，发挥人的聪明才智。只有这样，才能高效完成工作任务。

关于领导者的用人技巧，前文已经进行了详细的说明，在此笔者再次进行一下简单梳理：

首先，要公平、公正地去看待员工。每个人思想境界不同、思维不同，所以很多人对于人才的认识都有自己的一套观念，比如有一个领导非常不喜欢性格活泼的人，那么他有可能就会给性格活泼的员工安排一些不适合他们的工作来刁难对方，这样对下属是很不公平的。作为领导，必须摘掉你的有色眼镜，公平、公正地看待对方。

其次，要全面看待员工。一个合格的领导，绝不能因为下属不能做某项工作，就全盘否定人家的才能。我们只有全面地看待对方，发现他们身上的优点和缺点，才能真正地把他们安排到合适的位子上去。

最后，员工的搭配要尽量做到各种互补，比如年龄互补、个性互补，等等。我们不能安排两个性格暴躁的人去做一件需要特别安静的人才能做成的事情。

5.
打造团队精神

在如今这个时代，团队精神已经越来越被企业看重。在工作中，那些习惯单打独斗的人已经越来越不受欢迎了。因为一家企业要想发展起来，并不是只靠一个人的力量，而是必须要让企业里的所有人互相合作。一个人哪怕能力再强，阅历再丰富，也无法靠自己的力量让企业正常运转。因此，企业必须重视团队精神，可以说，团队精神是企业的灵魂。

一家企业如果没有团队精神，那么即使企业的领导者想出再完美的决策来，也无法让它执行下去。相反，只有内部和谐，领导者才能做到统筹兼顾。而要想一个团队具有团队精神，这就需要企业的领导者以及下面的领导培养员工们互相合作的精神。

美国一家大公司，要面向社会招聘3名高层管理人员，来参加面试的有上千人，最后只有9位优秀的应聘者进入了最后的复试。

复试由老总亲自把关。他看了9个人的基本资料后，就把9人分成了甲、乙、丙三组，指定甲组的3个人调查妇女用品市场，乙组的3个人去调查本市婴儿用品市场，丙组的3个人调查老年人用品市场。

老总解释说："我们招聘的人是用来开发市场的，所以，你们必须对市场有敏锐的观察力。现在让大家调查这些行业，就是想看看你们对这个新行业的适应能力。每一个小组的成员都必须全力以赴！现在我这里为你们每个人都准备了一份相关的行业资料，你们走的时候到我秘书那里去取。"

两天后，这九个人都把自己的市场分析报告给了老总。

老总看完后，站起身来走向乙组的3个人，分别与之一一握手，并祝贺道："恭喜三位，你们已经被本公司录取了。"

大家都很疑惑，老总笑着说："只要你们把我给你们的资料互相看看，就明白了。"原来，每个人得到的资料都不一样。甲组的3个人得到的分别是本市妇女用品市场过去、现在、将来的分析，其他两组的也类似。

老总继续说："乙组的3个人很聪明，他们互相借用了对方的资料，补全了自己的分析报告，既提高了工作效率，又体现了团队精神。而甲、丙两组的6个人却各干各的，没有团队意识，我出这样一个题目，主要就是考察一下你们是不是具有团队精神，因为一个既有能力又有团队精神的员工才是企业需要的员工。"

没有团队精神的企业不可能成功，没有团队意识的员工也不可能受到企业的欢迎。作为企业的领导者，要比任何人都明白个人能力永远无法超越团队力量这个道理。

我们知道，随着企业规模的日益庞大，企业内部的分工也越来越细，这就更加说明了，一个人的力量不可能对企业的大局产生影响。但是，如果企业里的每一个人都拥有团队精神，那么这样的力量却是惊人的。

团队精神其实就是一种大局意识。如果领导缺乏这种意识，就会造成团队内部的不稳定，而自己则会失去很多发展的机会。

美国GE（通用电气公司）连续三年被美国《财富》杂志评为"最为大众推崇的企业"。这个"最受推崇的企业"需要的员工应是什么样的呢？GE（中国）有限公司人力资源总监在接受记者采访时说："我们需要那些在某一些方面有天赋的员工，但我们更需要的是员工们的团队精神。"

微软中国研发中心总经理也曾经说过："如果一个人是天才，但其团队精神比较差，这样的人我们不会要。中国IT业有很多年轻聪明的天才，但团队精神不够，所以每个简单的程序都能编得很好，但编大型程序就不行了。美国微软开发Windows XP时有500名工程师奋斗了两年，有5000

万行编码。微软需要协调不同类型、不同性格的人员共同奋斗，缺乏领军型人才、缺乏合作精神是难以成功的。”

如何打造团队精神，管理者有必要注意以下几点。

（1）在组织内慎用惩罚

没有人喜欢受到惩罚，即使他知道自己犯了错误。惩罚导致的行为是退缩、消极的、被动的。惩罚是对员工的否定，一个经常被否定的员工是没有多少工作热情的。

（2）建立有效的沟通机制

在日常工作中要保持团队精神与凝聚力，沟通是一个重要环节，比较畅通的沟通渠道、频繁的信息交流，不仅可以使目标顺利实现，还可以增加团队成员之间的感情。

（3）逐渐形成团队自身的行为习惯及行事规范

要做到这一点，首先需要领导自己做好表率。只有管理者自己做出了榜样，才能真正建立起他的威信，从而保证管理中组织、指挥的有效性。员工也会自觉地按照企业的行为规范要求自己，形成团队良好的风气和氛围。

6.
管理者要成为有效的监督者

领导者希望员工都能够努力地工作，并且完美地完成任务。但是，事情常常不能如人所愿。一件任务交代下去的时候，下面的人拍着胸脯保证一定很好地完成任务，可是最后的结果却很可能让人非常生气。发生这样的事，多半与下属的执行力不够有直接关系，管理者的监督作用就需要在此时出现。

领导者要随时了解下属的工作状况，因为你无法保证自己的部下全部是“天使”，或者曾经是“天使”的他们未必永远是“天使”。换句话说，曾经他能在这个岗位上干得很不错，但是并不能代表他能一直做得不错。所以，我们应该随时了解下属的工作状况。只有这样，才能避免一些不必要的麻烦，才能让工作顺利地开展。

某公司高薪招聘了一个年轻漂亮、本科学历的女职员作为该公司的前台。前台的工作比较简单，主要就是负责接待来公司的客户与回答客户的来电咨询。每天，这位女职员只要给来电咨询的人们介绍一下公司的基本情况和主要产品就行了。女孩暗自庆幸，自己找到了一份稳定、轻松又待遇很好的工作。

可令人意外的是，公司决定辞退她。她很不服气，觉得自己没做错什么，于是找到部门经理质问。部门经理说：“客户们反映，我们公司接电话的那个小姐态度冷淡，对业务知识不熟悉，工作态度不认真。你知道吗，因为你的原因，公司差点丢掉一个大客户！”

这位女职员觉得很委屈，反驳道：“我怎么态度不认真了？我都是按照公司的规定去做的啊！”

部门经理回答说：“没错，你背熟了产品介绍，可你并不真正地理解它，遇到许多客户的提问，你就直接把他们推给销售部门。你与客户交谈时，确实使用了公司规定的礼貌用语，可你的口气中却让客户感受不到你一点的亲切和热情。”

如果部门经理没有及时了解这位女职员的工作状况的话，就不会发现她工作中的问题，那么肯定会给企业带来巨大的损失。所以说，领导该了解下属工作状况的时候必须要了解，不要做一个“甩手掌柜”。

此外，还有些下属犯了错误害怕承担责任，于是隐瞒事实真相，把一件很大的事情说成一件很小的事情，给领导一种错误的信息。如果领导对他的工作状况一点都不了解的话，很容易就会被对方蒙蔽，最后就会给企业带来巨大的损失。

由此说来，随时了解下属的工作情况，可以纠正错误、解决问题；还可以跟进部门下属的工作进度，督促下属。很多企业有不少杰出的人才，最后选择了离开，其实就是因为上级没有随时了解他们的工作状况。他们认为领导都很忙，根本没有时间照顾到他们，于是遇到了自己解决不了的困难，也没有及时请求上级帮忙，等到了交任务的时候，才把遇到的困难告诉上级，可是这个时候，一个很小的问题可能就会变成一个大的问题。

有一家杂志社的主编让下属去采访一位企业家，3天之内必须完成这个任务，可是这个下属却无法联系上这位企业家。结果两天过去了，工作没有任何进展，这位员工垂头丧气地对主编说："我向很多人咨询，就是找不到那位企业家的联系方式。"

主编听后，大怒道："这期杂志里必须要有这个企业家，过几天杂志就要印刷发行了。你找不到联系方式，你难道不能问我吗？"

"我见你不在单位，知道你在外忙得很，也就不敢麻烦你。"这位员工委屈地说道。

领导需要随时了解下属的工作状况，尤其是那些责任心不强，总是拖延的员工，领导就更需要知道他们的工作进展。不要让一件小事因为没有及时处理，变成了大事、急事，最后还成了影响大局的大事。

7.
鼓励创新，并允许创新失败

一家企业如果要求创新就必须要成功，那么这个企业肯定没有人真正地创新，因为谁也不敢保证最后能成功。有时候，不是员工不想负责，而是责任太重，压得他们不敢尝试。要想创新，就要允许失败。

世界是不断发展变化的，企业要想有所发展，就必须跟随着社会的脚步，而要做到这一点，就必须不断地创新、变革来适应社会的变化和需求。不能主动求变，持续地变化，必然会被世界的变化大潮所淹没，在竞争中出局。所以，创新也成为执行力的一部分。

在现实中我们发现了一个问题，就是企业的领导者天天开会说创新，但是手下的员工却没有行动的意思，其中主要原因就是员工们担心创新失败，要承担责任。毕竟创新并不是一件容易的事情，在创新的过程中遇到失败是在所难免的。创新失败后，这个责任谁来承担呢？这是员工需要管理者解决的问题。

因此，企业领导要想提高企业的创新能力，那么就必须允许大家在创新的过程中失败。如果领导不能容忍这种合理的错误，就永远不能形成良好的创新氛围，得到善于创新的人才。领导必须要有大局意识，看问题看得全面一些，长远一些；要有持续的创新精神，还要鼓励大家一起创新，并且在创新的时候允许失败和犯错。

筑波科技城是日本的硅谷，它建成至今已经有二十多年了。每年，日本人都把最好的大学生送到这里来，但是一直没有取得什么出色的成绩，主要原因就是企业不能容忍员工失败。

美国企业却与之相反，大多美国企业的领导者都知道要想让员工敢于创新，就要先让创新者打消害怕失败遭受惩罚的念头。这些领导者深明这样的道理：要想进行卓有成效的创新，就得进行不同形式的尝试，并在尝试中保留正确的东西，摒弃那些无效的东西。所以，要进行创新，首先必须建立起“失败后还有明天”的思维，创造更加自由宽松的人文环境，让“接受失败，容忍失败”成为一种普遍认同的文化。

有这样一家典型的美国企业，它的总裁对员工宣扬这样的观点：“你们放手去做自己认为对的事情，即使犯了错误，也可以从中得到经验教训，不再犯同样的错误。”在总裁鼓励下，企业的所有员工放心大胆地去探索、实验、发挥创意，为企业做出了很多贡献。

这位总裁经常这样鼓励下属，他说：“如果你们只知道执行上司认为对的事情，那么你们永远不能取得进步，企业也不能取得进步。”他要求公司的每一个主管必须鼓励和培养员工的创造力和毅力。总裁还说：“年轻人大脑里总会出现很多创意，作为领导不应该只懂得向他们填塞那些现有的观念，这样可能会扼杀不少本来很好的创意。”

总裁还认为，领导不能把员工的职责范围定得太细、太清楚，这样既不聪明，也没有必要。只有领导者把所有员工视为一家人，让大家都有大局意识，他们才能真正地为企业这个大家庭努力奋斗。在他的公司，是不允许随便责罚犯了错误的员工的，解决问题的关键是找出犯错的原因，而不是惩罚犯错误的人。

公司的一位领导曾经对总裁抱怨说：“公司里有时出现了问题，我都找不到该负责任的员工。”

总裁说：“那就对了，如果真的找出那位员工可能就会影响到其他员工。每个人都有可能会犯错，谁也不敢保证自己永远正确，我也不例外。谁也免不了犯错误，尤其是在创新过程中更是如此，但是从长远来看，这些错误也不至于动摇整个公司。错误也许不可原谅，但是，如果他真心为企业，那么是可以原谅的。一个员工因犯错误而被剥夺升迁机会，他也许就此一蹶不振，也会影响到其他人为企业做出贡献。假使犯错误的原因找出来了，并公之于众，那么无论是犯错误还是没犯错误的人，都会牢记在心的。”

企业建立一种鼓励创新，允许失败的企业文化，员工才会积极主动地进行创新，全体成员都参加到创新工作中来。事实上，真正成功的新构思背后是成千上万个失败的创意，但是这种失败对企业并非有害，实际上失败和死胡同可能正是下一轮创新的发力点。

8. 明确需要解决的真正问题

在工作中，企业领导们所面临的事情往往有很多，其中有大的，也有小的；有重要的，也有不那么重要的。那么，要想拿捏好其中的分寸，就需要我们在处理事情的时候，一定要找到问题的关键所在。因为找到了关键，事情解决起来也就容易很多了。

一艘正在大河中央行驶的小船漏水了，只见船夫累得满头大汗，双臂不停地摇着橹，船身却纹丝不动。船夫看起来既沮丧又困惑。

搭船人发现船身已经漏水，情况很严重。他急忙提醒船夫，可喊了半天，船夫却不理他，原来船夫正忙着向外舀水呢。心急如焚的搭船人说：“船漏了，再不修船，我们都得淹死。”

这次，船夫终于说话了：“我知道，你没看见我正忙着舀水和划船吗？哪有工夫修船啊！”

你觉得船夫的行为可笑吗？可是像船夫这样的人在企业的领导层中也有不少，他们遇到问题的时候，总是被周围的细枝末节和一些毫无意义的琐事分散精力，从而扰乱正常的工作秩序，导致工作在中途停顿下来，或推延工作的原定计划。

之所以会有这样的结果，是因为他们找不到解决问题的关键所在，总是在做一些无用功。领导者千万不要认为，自己没有功劳也有苦劳啊！这对执行来说是非常苍白的借口，更无法令员工信任。

面对困难时，领导应该带领下属找到造成困难的主要原因，也就是找出“造成船下沉的漏洞”，即使在这上面要花费更多的时间、更大的精力，也是值得的。因为只有找出了造成困难的主要根源，才算真正了解了困难，才可能想出解决困难的方法。

杰姆是一家纺织公司的销售主管。

年初的一天，老板把他叫到了办公室，对他说：“杰姆，请坐，现在有一项重任需要你去完成，不知道你是否愿意？”

“您是打算让我去担任Z地区销售经理吗？如果是的话，我想，我很愿意接受。”杰姆说道。

“杰姆，我就知道我没有选错人，你到了Z区后，主要工作就是开拓地区市场，你的工作重点就是实现对市场的占有率，为今后的销售打开局面。”老板很是认真地说道。

杰姆上任后，对Z地区进行了详细的调查，他发现本公司的产品难以打开市场。因为Z地区的大型超市、专卖店销售商在此之前都有其他同行进驻。为了尽快提升销售率，杰姆开始自己想办法。

经过长时间的艰苦工作之后，他终于让产品成功进驻一家大型超市，销售业绩有了明显上升。这时，老板打来电话，要求他汇报近期的工作进度。

杰姆简单进行了汇报，老板沉默了片刻说：“杰姆，说真的，你让我有些失望，你知道你的工作目标是什么吗？”

杰姆疑惑地说：“公司利润是最重要的。作为销售经理，我的目标是把销售业绩做上来。至于让产品占据一定市场的问题，工作很难开展。我只好先……”

老板打断他的话：“杰姆，你把我说的话全都忘记了吗？我当时说得很清楚，我们的目标是要获得市场份额。市场份额，你懂吗？只有占据更多的市场份额，我们的商品才有可能大批大批地卖出去，也就是说，利润高低不是我们目前最关心的。”

杰姆一时无话可说。他此时才恍然大悟，自己根本没有抓住问题的关键所在。

我们能说杰姆工作不努力、不勤奋、不尽责吗？不，他努力、勤奋、尽责，但他没有意识到问题的关键，没有意识到自己的主要任务是提高市场的占有率，而不是马上把销售业绩搞上来。虽说公司是以工作效率和质量为第一标准的，但是有时候，公司必须放弃暂时的利益来成全大局。这就要求领导必须要认清问题的关键所在，抓住问题的主要矛盾。对于杰姆的问题的关键，老板都说得再明白不过了，就是实现对市场的占有率，为今后的销售打开局面，而他却做了一名销售员都能解决的事情。要知道，他是一个管理者，不是前线的销售员，自己每做错一个决策，就有可能浪费公司很多的资源。所以，作为执行的决策者，管理人员要认清所有问题的关键所在，并根据关键点采取行动。

9.
给团队成员一个明确的目标

哈佛大学有一个非常著名的关于目标对人生影响的跟踪调查。对象是一群智力、学历、环境等条件差不多的年轻人，调查结果发现：

27%的人没有目标；60%的人目标模糊；10%的人有清晰但比较短期的目标；3%的人有清晰且长期的目标，并能把目标写下来，经常对照检查。

25年的跟踪研究，他们的生活状况和分布现象十分有意思：

那些占3%的，25年来几乎不曾更改过自己的人生目标，朝着同一方向不懈地努力。25年后，他们几乎都成了社会各界的顶尖成功人士，他们中不乏白手创业者、行业领袖、社会精英。

占10%的，大都生活在社会的中上层。他们的共同特点是，那些短期目标不断被达成，生活状态稳步上升，成为各行各业不可缺少的专业人士，如：医生、律师、工程师、高级主管，等等。

占60%的目标模糊的人，几乎都生活在社会的中下层面，他们能安稳地生活与工作，但都没有什么特别的成绩。

剩下27%的是那些25年来都没有目标的人群，他们几乎都生活在社会的最底层。他们的生活不如意，常常失业，靠社会救济，并且常常都在抱怨他人，抱怨社会，抱怨世界。

由此可以看出，一流的目标，才能造就一流的人生；拥有追求卓越的伟大目标，就会拥有成功的人生。

目标是前进路上的明灯，是人生拼搏的战略。一个团队如果没有明确的目标，就如同一艘没有指南针的船，只能在大海上迷失方向。一个团队要想圆满完成工作，领导者就必须告诉员工明确的目标，才能调动员工的积极性，增加员工的责任感，使工作高效地完成。

一位美国的管理学家曾做过一项调查，问团队成员最需要团队领导做什么？70%以上的人回答，希望团队领导指明目标或方向。而问团队领导最需要团队成员做什么？几乎80%的人回答，希望团队成员朝着目标前进。由此我们可以看出，设定明确的目标是打造高效团队的第一步，是一切工作的出发点。

作为团队的领导者，如果你不告诉员工具体的目标，而让他们去猜测、去摸索，那么你的团队就会四分五裂、四处出击，等到他们醒悟时，为时已晚。

爱若和布若差不多同时受雇于一家超级市场。开始大家都一样，从最底层干起。可不久爱若受到总经理青睐，一再被提升，从领班直到部门经理。布若却像被人遗忘了一般，还在最底层干。终于，有一天布若忍无可忍，向总经理提出了辞呈，并痛斥总经理狗眼看人低，辛勤工作的人不被提拔，倒提拔那些吹牛拍马的人。

总经理耐心地听着，他了解这个小伙子，工作肯吃苦，但似乎缺点什么，缺点什么呢？三言两语说不清楚，说清楚了他也不能服气，看来……他忽然有了主意。

“布若先生，”总经理说，“您马上到集市上去，看看今天有什么卖的。”

布若很快从集市上回来说：“刚才集市上只有一个农民拉了一车土豆在卖。”

“一车有多少袋，多少斤？”总经理问。

布若又跑去，回来后说有40袋。

“价格是多少？”布若再次跑到集市上。

总经理望着跑得气喘吁吁的他说：“请休息一会儿吧，看看爱若是怎么做的。”说完叫来爱若对他说：“爱若先生，您马上到集市上去看看今天有什么卖的。”

爱若很快从集市上回来了，汇报说："到现在为止，只有一个农民在卖土豆，有40袋，价格适中，质量很好，我带来了几个，您可以看看。这个农民过一会儿还将弄几箱西红柿上市，据我看，价格还公道，可以进一些货。我想这种价格的西红柿您大约会要，所以我不仅带了几个西红柿样品，而且把那个农民也带回来了，他现在正在外面等着回话呢。"

总经理看了一眼红了脸的布若，说："请这位农民进来。"

爱若和布若最大的区别在于对目标的理解不同。布若工作起来风风火火，踏踏实实，但是他没有举一反三的能力；而爱若则不同，他能够听出领导的话外之意，从而超额地完成了任务。

可是，在现实生活中，像爱若这样会领会领导心思的员工并不多，更多的是像布若那样勤勤恳恳的员工。试想一下，如果总经理一开始就告诉布若具体的目标，那么布若也会超额地完成任务。

美国著名的管理专家德鲁克先生说："并不是有了工作才有目标，而是相反，有了目标才能确定每个人的工作。所以团队的使命和任务，必须转化为目标。"团队目标是团队赖以生存的基础，没有了目标，那么团队也就会分崩离析。

需要注意的是，团队领导者设立的目标必须是明确的，否则你的计划再详细也是白费。这就如同射箭一样，如果在大雾中看不到箭靶，即使你姿势摆得再正确，弓拉得再满，也没有多大意义。

保罗·高尔文是美国著名的无线电企业——摩托罗拉公司的创始人，他经常利用挑战性的目标敦促他的下属员工们做一些看似不可能实现的事情。例如，在20世纪40年代末，摩托罗拉公司刚进入电视机市场时，高尔文就为电视机部门制定了一个富有挑战性的目标：在第一个销售年，以179.95美元的价格卖出10万台电视机，还必须保证利润。

一位管理者抱怨说："我们绝对卖不出去那么多电视机，那意味着我们在电视机业的排名必须升至第三或第四名，而我们现在最好的排名才是第七或第八位。”

还有一位产品工程师说：“我们甚至都还没有把握能使电视机的成本低于200美元，但售价已经定在179.95美元了，这怎么可能保证利润呢？”

但是，高尔文却回答说：“我们一定要卖出这个数量。在你们拿出用这种价格、卖出这个数量，还有利润的报表给我看之前，我不想再看任何成本报表。我们一定要努力做到这一点。”

之后，高尔文通过员工们反馈的信息，制定了一项严格的奖罚制度，迫使员工们都为了实现上述目标刻苦钻研、努力创新，想方设法降低电视机的生产成本。同时，也重新审查制定了新的销售制度，督促销售部门在业务上投入更多的精力。不到一年，摩托罗拉公司真的实现了销售目标，使电视机的销售在排名榜中升至第四位。此后，公司不断地发展壮大，成为电子技术领域的佼佼者。

达成目标后，高尔文高兴地说：“我把每一次新任务当作一次新的战斗，我已懂得一个人活着就得战斗一辈子。当你完成了一个任务，又接手第二个任务时，你这人就进步了。上帝给了我从事斗争的力量，我将用以完成最巨大的任务。”

清晰的目标可以使团队少走弯路，有了它，团队成员就如同看到了插在山顶的一面红旗，才能够摆脱疲劳，精神抖擞地前进。如果目标过于笼统，过于朦胧，员工的精力就会分散，像没头的苍蝇一样四处乱撞，从而降低工作效率。

所以，团队的领导者应该善于分析团队的性质、团队的缺失、团队的特点，从而制定出明确而贴合团队的目标。这样一来，团队必将产生一股强大而持久的力量，更高效地取得成功。

第十一章

管理协调课：有效化解内部冲突

许多立志于建立高效团队的管理者谈到“冲突”都闻风色变。的确，在传统意义上冲突被认为是造成不安、紧张、不和、动荡、混乱乃至分裂瓦解的重要原因之一。冲突破坏了团队的和谐与稳定，造成了矛盾和误会，但将冲突完全消灭也是一件不恰当且不可能完成的事。因此，笔者认为，冲突其实是一种有效的沟通方式，建设性地处理冲突有时反而能实现共赢，成为团队高效的润滑剂。

1.
发生意见冲突怎么办

解决关键问题。在企业中经常会发生这样的问题：某个问题总是能连续引发某些人之间的冲突，或者是某几个部门之间的冲突，这时就需要管理者出面来考虑调整某些工作的流程，或者是制定一些能够缓冲矛盾的制度加以规范。

一个组织中的冲突并不是那么容易化解的，若是出现不正常的特殊情况，比如恶意的冲突等，就需要请示上级的管理人员，要求高层运用职权来解决。

美国总统林肯，在他上任后不久，有一次将6个幕僚召集在一起开会。他提出了一个重要法案，而幕僚们的看法并不统一，于是7个人便热烈地争论起来。林肯在仔细听取其他6个人的意见后，仍感到自己是正确的。在最后决策时，6个幕僚一致反对林肯的意见，但他仍固执己见，说："虽然只有我一个人赞成但我仍要宣布，这个法案通过了。"

表面上看，林肯这种忽视多数人意见的做法似乎过于独断专行。其实，他已经仔细地了解了其他6个人的看法并经过深思熟虑，认定自己的方案最为合理。而其他6个人持反对意见，只是一个条件反射，有的人甚至是人云亦云，根本就没有认真考虑过这个方案。既然如此，自然应该力排众议，坚持己见。所谓讨论，就是从各种不同的意见中选择出一个最合理的。既然认为自己是对的，那还有什么可犹豫的呢？

在企业中，经常会遇到这种情况：新的意见和想法一经提出，必定会有反对者。其中有对新意见不甚了解的人，也有为反对而反对的人。一片反对声中，领导者犹如鹤立鸡群，陷于孤立之境。这时，领导者不要害怕孤立，对于不了解的人，要怀着热忱，耐心地向他们说明道理，使反对者变成赞成者；对于为反对而反对的人，任你怎么说，恐怕他们也不会接受，那就干脆不要寄希望于他们的赞同。

2. 警惕企业人际内耗

西方人对“解决问题”十分重视，却不明白“解决了一个问题往往会引发更多的问题”的道理。管理之所以越弄越复杂、越来越困难，便是不断解决问题所引起的后遗症日趋严重所致。

在篓子里放一只螃蟹，这只螃蟹很快就爬出去了，但如果放进一群螃蟹，就算没有盖子，它们也爬不出去，因为只要有一只往上爬，其他的螃蟹便会攀附在它身上，把它拉下来，这就是“螃蟹效应”。在一个团队里，如果成员之间像这些螃蟹一样，为各自利益而互相打压，那这个团队永远也不可能前进。

你是如何理解“螃蟹效应”的呢？你的身边是否存在或你曾经历过“螃蟹效应”的团队？如何才能成功避免“螃蟹效应”的发生？

“螃蟹效应”是可悲的，但它却在许多企业中存在，严重时会形成一种恶性循环，并严重损害整个团队的利益，最终对谁都不会有利，但“螃蟹效应”是很难避免的。

“螃蟹效应”产生的原因在于：

（1）人总是自私的

这种自私心理导致了主观倾向，我们总认为自己比别人怎么样，特别是能力相近的人，在职场中总不愿意别人比自己强。这种自私心理是产生“螃蟹效应”的首要因素。

（2）与同龄人相比，人总是很好强

这种好强心理让我们谁也不会服谁，总想在某些方面超越竞争对手，于是相互间总会形成牵制，有形和无形的争斗就展开了，“螃蟹效应”也就应运而生。

（3）人才的聘用制度不健全

目前，许多企业的人才聘用制度不科学，导致合适的人不能进入合适的岗位，许多有能力的人得不到晋升，这是“螃蟹效应”产生的客观原因。

（4）权力和责任不能对等

出现“螃蟹效应”，还在于权力和责任的不对等，权力大、职位高，有时承担的责任反而小了，所以心理上大家都向往权力，都想往上爬，于是一只螃蟹向上爬去，其他的螃蟹总会想办法去阻挠。

（5）团队缺乏协作的文化氛围

从前面几点可看出，要想避免“螃蟹效应”几乎不太可能，但可用有利于团队建设的理念和文化来引导人产生协作精神，协作的结果会让我们看到 1 加 1 大于 2 的效应，这种效应会让我们自私的心理得到克制。

企业人际内耗的主要危害：一是影响内部团结；二是影响工作效益；三是影响企业氛围。企业的人际内耗是十分有害的，应该引起每个管理者的注意。克服内耗要理顺的内部关系有很多，但最重要的是理顺人际关系，因为人际关系是企业基础管理的中心环节。管理者要想理顺人际关系，须注意以下几点。

第一点，管理者应破除对企业人际关系掉以轻心的思想，要清理阻碍人际关系的不良偏见，解决好对新型人际关系的认识问题，树立正确的人际观，在思想观念上提高克服内耗的自觉性。

第二点，企业的人际关系是庞杂的，既有高级领导层，又有中层主管，还有广大普通员工，且各层次又有不同的人员方位。这就要求管理者对人际系统的层次方位全局在胸，不断强化人际“制高点”，居高临下，带动企业克服内耗。

第三点，管理者在影响人际距离因素上要有所发掘，不断改善人际环境。良好的人际环境的建立，必须依靠人际距离的缩短才能得以实现，因此，管理者只有深入研究企业内部影响人际距离的自然、空间、相似、性格和利益等相关因素，积极发掘和创造人际关系的发展条件，努力克服内耗。

第四点，职工的个性千差万别，决定了处理人际关系方法的非定量化和非程序化。因此，管理者处理人际关系既要有科学性，又要有艺术性，二者的有机统一是增进人际交往的实际技能。正确处理企业人际关系的技能极为广泛，诸如催人奋进的表扬和奖励，治病救人的批评惩处，深察入微的体贴关心，循循善诱的启发教育，关怀备至的真切爱护和真心实意的协商对话等，都是一些行之有效的技能方法。

3. 如何对待组织中的“小圈子”

每个公司里都普遍存在一种现象：小圈子，不同的小圈子一起繁衍出一个公司的企业文化。只要有公司存在，就有小圈子生根发芽的土壤。而小圈子的荣辱兴衰，也能从一个侧面反映出这个公司在人事上、管理上、文化上的变更交替。

从踏进写字楼的那一刻起，你已经不再是自然人，而是不自觉地扮演起一个不折不扣的社会人的角色。既然是社会人，就要不可避免地面对各种矛盾、困窘的袭扰。这个时候，约上公司里几个谈得来的同事出去小聚一时，彼此倾诉内心的苦闷，聆听对方的点拨，能使你疲惫的身心得到片刻的放松，那种释怀的愉悦，便显得弥足珍贵。而这三五成群的小圈子也在一次次的重复交往和吐故纳新中悄然形成。

张先生在一家IT公司行政部工作，在老板的心目中，销售、市场、研发等部门是公司的一线部门，属于老板的嫡系，而人事、行政、办公室等部门的地位类似于庶出，每当裁员风声趋紧时，这些部门的员工最容易得到老板的“眷顾”。由于都处于共同境遇，这几个部门的人自然走得近些，久而久之，也形成了一个小圈子。他们在纷纭复杂的公司环境中相互关照，渐渐成了无话不谈的伙伴。在一次裁员前夕，他们几个在小酒馆里激情相约：敢动咱们中的一个，就给他集体撂挑子！

然而，当张先生真的得知自己即将被解聘时，那些个昨晚还“对天盟誓”的同人却把当初的承诺忘在了脑后。除了惋惜、安慰之外，只有一句听起来还有几分务实的话：“我也不知道还能为你做些什么。”这些“铁兄弟”对一起撂挑子的“兵谏誓言”却只字不提。通过这件事情，张先生感到小圈子的力量是多么的薄弱。毕竟人都是现实的，危急时刻首先想到的只能是明哲保身。

对于公司的管理者来说，公司里形成诸多的小圈子，在他们眼中纯属员工私事，不足挂齿。

毋庸置疑，小圈子有时候也容易成为办公室流言的发源地，不和谐因素的大卖场。更有甚者，由于对职业化理解程度的差异，不同小圈子中的个别人还会相互攻击贬损，一时间弄得公司内部谣言四起，人心惶惶。不仅对公司的企业文化建设不利，而且对每一个人的成长也造成了负面影响。因此，正视它的存在并加以正确引导，使之形成一个个风格各异但却能产生向心力的团队，更是考验一个企业管理者管理艺术高下的一块试金石。

同一个公司，有富裕阶层和相对贫困阶层，有资深员工——既得利益者，有新员工———无所有者。这是老板的策略，人为地拉开员工与员工的差距，让一部分人先富裕起来，以造成一种竞争的态势，可以刺激员工的上进心，创造财富。

这种策略有两种主要用途：其一，有利于瓦解帮派。例如当贫困阶层对富裕阶层产生不满时，可以把他变成富裕阶层，当他的处境改变，他的想法就会发生一百八十度的大转弯；其二，可以制造落差，刺激竞争，提高劳动生产力，提高单位成本的产出率即效益。

但同时应该注意到，这个策略也有副作用，会产生矛盾，可能发生派系斗争。如果老板没有能力控制，最好不要搬起石头砸自己的脚。

4.
巧妙使用回避和冷处理

《三十六计》中说："阳乖序乱，阴以待逆。暴戾恣睢，其势自毙。顺以动豫，豫顺以动。"第一句"阳乖序乱"，有两种不同的译法，一曰"敌方内部矛盾激化以致外人都能看出其造成的混乱"，二曰"表面回避对方秩序的混乱"。笔者认为后者翻译更为恰当。因为"乖"字除了有"戾、不和"之意外，也有"违背、分离、隔绝"之意，而且如此译法，与"阴以待逆"上下一致，顺畅。整段注解的意思为：表面回避其乱，暗中等待其变。当其内部暴乱失去控制时，不攻而自毙。

某研究所所长要增加一个副所长来协助自己工作，准备在各室主任中挑选，考察期为一年。其中有一个科室，一正一副两个主任，两人一个是双学位的大学本科毕业，另一个是硕士毕业，工作能力都很强，研究成果也不少。为了争取研究所副所长的职位，二人各不相让。这本来很正常，但双方却不是正当竞争，而是互相指责。发展到后来，两人表面相安无事，谁也不理谁，但暗地里的钩心斗角已经发经到了一触即发的边缘。另一个科室的候选人以为这是个大好时机，就向研究所所长做了详细的报告，认为自己比这两个主任更有资格担任副所长一职，协助所长抓好研究所的工作，但所长心中的目标人选却仍然是那两个正副主任。不过，他并未言明，而是表现出对另一科室候选人的兴趣，接连几天，不停地找另一科室候选人谈话。那两个正副主任见到这个情形，突然一下子醒悟过来，二人握手言欢和好如初，工作上配合得更好了。最终正主任因为在各方面能力更强一些，当上了副所长。

为什么止于隔岸观火，而不是登岸临火、火上浇油？首先，你得付油钱，也许不多，可能承受；其次，你还要去“浇”油，无论怎么浇法，都得费点脑筋出点力气；而最主要的在两点：第一，即使你很在意，没有引火烧身，但靠近火焰，被烤的滋味未必好受，更有可能被烤煳烤焦了，也容易被点着。第二，“发火”的是人，当你带着杀气而至，他们会不寒而栗，激灵灵打个冷战，可能立刻就会清醒，停止内讧。所以，管理者好的策略，是先进行冷处理，待两人在斗争中把问题展现得淋漓尽致时再做判断。

5. 不可忽视组织内外的平衡

哲学上认为：事物的发展是内外因共同作用的结果，内因起着决定性作用，但外因绝对不可忽视。传统的管理模式比较重视企业的内部管理问题，直接目的是强化和提高企业的管理效率和效益，这当然是必要的。但现代企业管理是以市场为导向的，如果忽略了外部环境的影响，就会失去企业与外部环境之间的“平衡”，这也就意味着要丧失现有的市场。企业内部与外部环境的平衡已上升为企业管理的重要内容。因为企业的命运在市场手中，市场是企业利润的最终决定者，这是现代企业进行市场竞争的根本法则。

老板的心态很复杂，是一种自信与自卑的综合体。一方面靠自己的努力做到今天的成就，对自己的能力水平高度认可，并且坚信自己会有更大的成就。另一方面，随着事业的发展，他所面临的内部管理难度及外部市场风险也越来越大，面临着一个又一个自己未曾到达的新高，面对着更高的操作管理要求。盘子越来越大，管理难度必然是越来越大。

在很多比较微妙的内部管理问题上，老板绝不会把话说得很透彻，考虑到平衡多方面的关系因素，很多言谈只是点到为止，所以作为下属员工，你也别指望老板能把什么话都讲清楚，你要自己去理解。能及时理解老板没直接表露出来的意思的员工是老板最喜欢的。

管理十几个人，年营业额百万的小公司老板可以说是游刃有余，但企业一旦发展到成千上万的员工，资产营业过亿，已经牵涉到社会责任和数千人饭碗时，老板内心还是有点紧张的，所产生的压力会时刻压在老板头上。有时对未来就会茫然，难免会否定自己。灿烂的辉煌是自己一手创造的，沉重的责任也是自己一手造成的，这一反一正，也就给老板带来了巨大的压力！

H电脑公司是一家科技应用企业。公司创办时，董事会破格从地产公司电脑服务部聘任优秀员工A为公司经理。理由是：A在电脑应用及智能化工程实施方面的技术水平较高，属内行。A上任3个月，工作积极、勤奋，带领员工刻苦钻研技术业务，但他不知道怎么经营和管理，公司经营停滞不前。董事会决定将其撤换掉，但处理方法不当会挫伤A，并对其产生负面影响。

董事们提出了各自的想法。董事C的看法：把他增选进董事会，然后兼任公司技术负责人。董事Z的看法：让他做分管技术的副经理，享受经理待遇。董事Y的看法：我们需要的是懂管理、能带领员工扩大经营规模、创造效益的经理，既然他不行，那就撤职让他专干业务。企业对人的管理不必太顾虑，该怎么办就怎么办。董事S的看法：把他调回，给他3000元苦劳奖，开个离职欢送会，大家吃顿欢送饭。董事长H的看法是：A是一个有技术的优秀员工，是我们企业的财富，是我们没有给他摆好位置，这是我们的失误。A正是公司最需要的专业人才，公司正要依靠这样一些技术尖子来发展，调走他会影响到公司技术工作。目前我们选定的经理J虽有经营管理经验，但技术业务不太熟，需要A的帮助。增选A进董事会不合适，若他作为董事兼技术总负责人，而不是董事的新任经理，在领导工作中会有难度。但是若简单把A撤换掉，会产生很大的负面影响。我的意见是设总经理，由我兼任。设两个总经理助理，拟聘的经理J任总经理助理负责公司日常的经营管理工作，A任总经理助理兼技术部经理，对年轻的优秀员工A我们应采取积极培养的方针，通过传、帮、带，使他既在业务上保持高水平，又在经营管理方面能有所突破。

H的意见通过后立即得到了实施，公司的经营状况有了起色，A依然积极勤奋。半年后，H退位，J任总经理，A任副总经理分管技术，公司运转良好。

管理工作是一项需要多动脑子的事，在考虑问题时需要面面俱到，切不可只看到事情的一个方面就轻易下决定。一切应以企业的发展、员工的合理利益为目标，考虑周全了，才能做出比较完善的决定。

现代企业的经营运作，管理是核心内容，尤其是一些大企业。在多层的纵向管理和多部门的横向管理中，人员的复杂性和机构的烦琐性往往成为影响工作的主要因素。在这方面，中小企业更灵活，但受到规模、技术、品牌等因素的制约，中小企业往往难以突破“分一杯羹”的瓶颈。因此，在经营发展中，建立合理的管理模式已成为企业获得利润之外的首要任务。

目前，一些企业缺乏一种稳定的管理模式，这与企业的传统模式、规模大小、经营范围、企业文化以及领导人自身的水平有关，管理工作没有固定的标准，往往是“头痛医头，脚痛医脚”，因此，建立一种平衡的管理模式是不无裨益的。平衡管理模式是指在企业运作过程中，组织与环境之间、组织系统要素之间相互联系、协调发展，权利与责任相互制约，人际关系与企业制度和谐稳定，组织结构与整体性完全统一，利益与风险达到最佳结合的双赢的管理模式。

为什么企业要建立平衡管理模式？

（1）企业运作的风险性

现代企业的发展中，从市场到人才，处处面临着竞争，一旦某个环节出现问题，将会全盘皆输，因此必须时刻想在别人前面。余世维曾说：凡是你忘掉或想不到的事情，你的敌人会告诉你。因此，避免或减少风险，必须在管理上做出调整。

（2）员工的流动性

工作中人际关系的变化和工作对象的调换会给我们带来一定的不适应，但如果导致企业的利益受损或经营模式的改变，的确是得不偿失。因此，保持企业内部稳定，维持正常的工作秩序，需要一种平衡模式。

（3）时代的进步性

面对激烈的市场竞争，一场新的企业变革迫在眉睫，实践证明：谁先改革谁生存，谁先进步谁强大。把企业作为一个整体的平衡管理模式迎合改革的需要，使它适应现代企业的经营发展模式。

6. 分配权与派发权的有效分离

众所周知，在哈佛大学，校长的权力是最大的，而且校长也没有任期的限制，但为什么哈佛大学从来没有出现“家长式”的管理和校长“一言堂”的现象呢？因为哈佛大学有着一套完善的权力制衡制度。

虽然校长是哈佛的权力中心，但校长一要对董事会负责，定期接受董事会的质询，董事会有任命和罢免校长的权力；二要遵循评议会的制衡，即校长提出一些重大决策时，需要经过评议会的同意。

在哈佛，校长是决策的提出者，董事会是决策的执行者，两者有不同的责任，互相监督和制衡。一位哈佛大学的董事曾经说过：“在我看来，一个像哈佛大学法人董事会那样的外行董事的工作内容可以浓缩为：尽你所能保证组织健全、人员得到优化配置以及组织良性运行，但不要试图插手它的日常运转。”

正是由于拥有相对完善的权力制衡制度，哈佛大学才一步步成为世界最高学府和最高智慧的象征，成为培养人才的摇篮。

古往今来，凡是有人的地方就有组织，有组织的地方就有管理。不管是企业、国家还是家庭，都需要有人管理。

在中国的企业中，有不少发展迅速的家族式企业，如何管理好企业的中层员工，既让他们能够尽心尽责地为企业服务，又不至于出现“功高震主”的现象，这成了很多领导人头疼的话题。也许，下面的这个故事会给你一定的启示。

古代有一座寺庙，庙里面住着七个和尚，大家朝夕住在一起，每天分食一大桶粥。要命的是，粥每天都是不够的。于是，和尚们面临如何分粥的难题。

一开始，他们按人数轮流分粥，每天轮一个。于是，有的和尚开始以权谋私了，他利用自己分粥的机会，总是偷偷地往自己的碗里多放一些米。时间长了，这种现象越来越严重，甚至最后到了极致，有人公然敢吃上了饭，当然也就有人吃不到一粒米。好在风水轮流转，等自己分粥的时候就狠狠地饱餐一顿。但要苦等一周的时间，才能轮到自己分粥，平日里就只有喝汤的份儿了。

粥是有限的，为了公平地分配，和尚们将分配这一有限资源的权力给了一个“德高望重”的和尚。这位和尚的上任还真是立竿见影，粥分得又快又平均，不偏不倚，让所有人都满意。可是时间一长，和尚们开始想尽各种办法去讨好、贿赂那位“德高望重”的和尚，希望借此多分一些粥。刚开始，这位和尚不为利所动，但没过多少时日，他的道德防线在各种利益的攻击下彻底崩溃了。他分粥的权力演变成了为其谋利的工具。这下大家可不干了，不公与怨恨再一次充斥整个寺院。

“我们成立个分粥委员会吧，再成立一个分粥监督委员会！”有人提议道。于是大家分成了两组，第一组是分粥委员会，专门负责分粥的工作。第二组是分粥监督委员会，专门检查第一组的工作结果。只有在经过分粥和监督两个委员会的一致同意之后，粥的份额才能正式定下来，他们才能去喝。

全体的参与和两道分粥程序最终实现了分粥的相对公平，怨恨慢慢消减了，整个寺院逐渐变得和谐。但新的问题出现了，当和尚们经过长时间的分粥程序之后，喝到嘴里的粥全是凉的。

还有没有更好的分粥方法呢？

这时，有个和尚提出了个建议：大家还是轮流分粥，但是，与原来不同的是，谁分粥，谁最后一个喝。为了不让自己吃到的最少，每人都尽量分得平均，如果不均，也只能认了最少的一份。大家你敬我一尺，我敬你一丈，小团体一团和气。

分粥，本来是一件简单的小事，但要分好也要动一番脑筋。这个故事折射出来的道理是：没有完美的人格，只有完美的机制。

一个领导者不能把企业的管理寄托在员工的素质高低上，而必须建立在对权力的有效监督、制衡机制之上。企业的监督、制衡机制，简单地说，就是一种权利的制约和平衡的制度。孟德斯鸠曾说过这样一句话："一切有权力的人都容易滥用权力，这是万古不易的一条经验。有权力的人们使用权力，一直到有界限的地方才休止。"最后的分粥之所以能得到大家的认可，最根本的原因就在于"分配权"与"派发权"的有效分离。

这种监督和制衡体制是管理的最高境界——没有管理的管理。

很多领导者都有这样的苦恼："员工个个都是刺儿头，软硬不吃。"其实，这只是你的管理工作没有做到位。在企业内部，只有通过监督和检查，才能发现隐藏的问题，一旦这些问题被发现，你就要立即着手解决。如果你一味图省事，享清闲，就会造成权力失控，工作紊乱，矛盾百出。

第十二章

管理相处课：如何领导“个性员工”

作为管理者，总是难免会遇到各种个性不同的下属。面对不同的员工显然不应该采取完全一样的措施，这种一刀切的作风，不仅忽视员工的独特性，也不利于企业的长远发展。如果能学会与各种不同个性的下属打交道，努力与更多的人和谐相处，把他们管理得服服帖帖，工作起来就会相互协调、密切配合，这才是一个成功的领导者所应该具备的素质。

1. 管理者难免会遇到爱提要求的下属

很多公司领导也许会经常听到这样的话："我以前在公司，他们答应给我多高的报酬，并且还有很好的福利"、"以前的经理多好多好，经常给下属送一些比较精巧的小礼物"等，作为领导的你是应该答应还是拒绝？答应了，会不会让其他下属有意见？而不答应会不会影响下属的积极性？这些都是领导不得不考虑的问题。怎么办？许多领导都觉得束手无策。其实，对这样的下属，如果他确实很有能力，而他提的要求并不太苛刻，那么领导不如顺水推舟满足他，自己也做一次好人。如果他提出的要求在你的能力范围以外或者过于苛刻，你应该把情况如实告诉他。通常在这种情况下，下属都会理解你的苦楚。如果是那些能力不高的人，提出的要求有点过分，你就应该毫不犹豫地拒绝他。

在企业之中，员工提出的要求一般就是关于加薪的，领导在这个问题上一定要谨慎处理，应详细考虑员工这方面的诉求。通常情况是年终评议进行决定是否加薪，但不是全部员工都能得到加薪；又或者加薪的幅度不同，而有些员工可能因为种种原因失去了加薪的机会。另外，如果该员工的薪酬水平在该企业及同行业之中已经达到较高的水平，也会影响加薪的空间。可以说，影响加薪的因素是多方面的，但是从员工的角度来讲，他或许无法详细地了解这些因素，他只是感觉自己工作非常努力，所以应该加薪。因此，员工有加薪的愿望和提出加薪要求是一件正常的事情，在这方面领导者应该多与下级沟通解释，以获取他们的理解。

当员工提出加薪要求时，首先应该考察他的绩效考评和工作业绩，如果成绩较低没有达到加薪的标准，就应该向他解释本企业的加薪政策，鼓励他努力工作，争取下次获得好的工作绩效与考评成绩。

如果该员工的绩效考评比较优秀，但是他并没有得到加薪，就要仔细地调查原因。是由于工作失误造成的，还是因为该员工的薪酬已经较高，不宜再加薪。如果是前者，则应该立即纠正错误，对员工进行弥补；如果属于后者，就应向他解释本企业中与他能力相同的其他员工的平均薪酬水平，或介绍同行业其他企业同职位的薪酬水平，以便得到他的理解。

如果员工指出与他能力相同的员工也有加薪，而他自己却没有加薪时，尤其要谨慎，不要鲁莽行事，不能轻易地将该员工与他所讲的员工进行比较，这样会适得其反，使其不满情绪和抵触行为加深。要采用巧妙的方法，如果这两位员工不在一个部门，则可以告诉他每个部门的加薪指标不同，如果这两位员工同属一个部门，则应该交由部门经理进行解释。

尤其是需要警惕这样一种情况，有些管理人员为了照顾下属要求加薪者的情绪，轻易地答应其加薪要求，这是非常不负责任的做法，如果员工们纷纷效仿，那么后果则难以想象。总而言之，作为领导者应该谨慎处理这个问题。

2.
别被报喜不报忧的下属蒙蔽了

从员工的角度来说，自己在业务工作中的成功与失败，甚至加薪与否以及福利待遇都紧紧地跟老板的喜怒哀乐联系在一起。毫无疑问，对于取得成绩、经营上有活力等企业运营良好的状况，老板自然感到由衷的欣喜，而对于工作中的失误、经营上的亏损，老板必定会感到不安与忧虑。向老板报告工作中取得的成绩，等于向老板报喜，向老板报告工作中的失误挫折，就等于是向老板报忧。报喜容易受到老板的重视，而报忧会面临不利的情况，甚至有可能被炒鱿鱼。所以为了自己的前途，员工迎合老板这种情绪，就有可能在工作中报喜不报忧。

实际生活中有不少这样的人，他们善于投机钻营，利用老板喜欢成就、讨厌缺陷的心理，夸大成绩，隐瞒不足，报喜不报忧，阿谀奉承老板的爱好，从而达到个人升迁或谋取私利的目的。而老实诚恳的员工和下属，实话实说，有喜报喜，有忧报忧，有时反而被老板猜疑和不信任、不重用甚至打击报复地错误对待。

但是从企业管理的角度来讲，无论是喜还是忧，都是老板应认真对待的事情，即老板必须清楚地掌握企业运营过程中的各个方面，要对喜在什么地方、忧在什么地方都了如指掌，并根据喜与忧的不同程度，采取相应的措施，调控企业朝着有利的方向发展。因此，为了企业的长远发展，就需要员工在向老板报告工作时必须实事求是，是喜说喜，是忧说忧；不夸大成绩，不缩小缺点。只有坚持这个原则，老板才会了解到真实的情况；也只有坚持这个原则的员工，才是诚实可靠、值得老板信赖的下属。

出现报喜不报忧的情况，固然与下属有关，但更多地是对老板自身素质的一个挑战。但是，我们不能不承认，员工和下属要想改变老板的素质，往往是很难做到的，因为提高老板的素质是一个长期的过程。因此，作为一个成功的老板必须采取一定的措施来提高自身素质。著名的成功学家拿破仑·希尔给我们提出了以下几个建议：

首先，领导者要做到闻过则喜，宽容地面对报忧的下属。人都有自己的弱点，喜欢听好话本不是什么太大的缺陷。但作为领导，喜欢听好话甚至只喜欢听好话，真话就很难出现了。如果我们的管理者都能做到不文过饰非，不好大喜功，而是闻过则喜，就能够从别人的不同意见中得到收益。

但是对于我们大多数人来说，听进去赞扬容易，听进批评却难，在这方面古人所说的“良药苦口利于病”可以算作是对我们极好的一个告诫，所有的领导者都应该将这一点作为自己的座右铭。正确对待别人的意见，尤其是来自下属和人民群众的批评意见、反对意见甚至指责和非议，是保证领导能听到真话的关键。

其次，领导者要从自己做起，从自身的修养上下功夫，做到以真换真，以情寻真，用心求真。官真则民真，官假则民不实。只要我们的领导不讲假话、空话、套话，实事求是，下属和百姓就会感受到其真实、实诚和真挚，投桃报李，也会真诚以待。古人也告诫我们要“远小人，近君子”。人人都有七情六欲，都喜欢别人说自己的好话，但是作为一个企业的领导，更应该注意防范小人，对于过分亲近领导，热衷于讲好话、讲奉承话的人要慎重地对待。如果官员经常跟正直、坦率的人在一起，一方面经常可以听到各种不同意见，另一方面也就等于天天在做广告，在告知社会各色人等：我喜欢听真话，这将会对我们以后的事业有很大的帮助。反之，如果天天跟热衷于讲好话的人在一起，被奉承包围着，人们就会据此以为他不愿意听真话，不喜欢批评，不喜欢反对意见。如果领导长期生活在这种氛围中，一旦出现危机，往往是最后一个知道真相，因而错过第一时间补救的机会，很可能造成大局失控，得到公司倒闭的恶果。

3.
明断下属的“小报告”

打“小报告”古已有之，那时候人们一般习惯称之为“进谗言”，意思就是说别人的坏话。在一个组织中，如果这种风气蔓延，则下属将互相猜忌，人人自危，对企业团结有着致命的破坏力。所以，对领导者而言，这绝对是一个不容忽视的问题。

这种人自古就有，古人也曾经探索出处理这种人的几个有效方法。最重要的就是要求领导要有宽广的胸怀，并且还要有冷静的头脑，不仅要做到古人所说的“兼听则明，偏信则暗”，而且还要有非常好的判断能力。兼听是要求领导者听取不同的意见，以避免一面之词的片面性。但在兼听的过程中，直言与谗言、规谏与拍马、真情与伪证很难分清楚。如果分不清是非真伪，谗言仍可在“兼听”的旗号下发挥作用。所以，在提出进贤、知人、兼听之后，人们又提出了另一条要诀：明断。

历史上曾经有一个关于梁惠王知人善任的故事：

梁惠王派李复率兵讨伐赵国，但李复的儿子李思正在赵国当官，并且很得赵国国君的信任。李复军队围困住了邯郸，国君命李思上城喊话，要李复罢兵，李复不听，反劝乐舒及国君早日投降。然而，就在这期间，梁国都城已沸沸扬扬。“大报告”、“小报告”都堆到了梁惠王的案头，几乎众口一词认为李复是为了自己儿子的安危而贻误国家的大事，要把李复撤职查处。但梁惠王对此一概置之不理，相反，还特意派人送酒肉到前线劳军。后来攻城的时机成熟了，李复一举平定了邯郸，班师回国。他的儿子李思则被赵国国君烹杀了。李复回到梁国，梁惠王送他一叠奏折，这些都是李复兵围邯郸期间送到梁惠王手中的各种攻击李复的材料，这使李复大受感动。

从这件事中可以看出明断在其中的重要作用。如果梁惠王缺乏明断，面对一大堆攻击李复的材料不知所措，疑云暗生，或者真的把李复撤职查处，后果就不堪设想了。梁惠王之所以能做出明断，当然是同他对李复的了解、信任，以及他对战局的正确判断分不开的。

提到明断就不能不提英明的汉武帝在晚年犯的一个严重错误。晚年的汉武帝，疑心极重，以为周围的人都要害他。江充为了私利，利用这一点，制造了一起冤假错案，最后冤案造到了太子头上，说太子诅咒武帝，并在太子官中挖出了事先安置的木偶。太子说不清楚，恼恨江充，便把他杀了，但是太子最后也被汉武帝杀了。这个教训无疑是惨重的。

这种情况不只是古人会遇到，当今，人们在日常工作、学习、生活中几乎无处不会遇到。它的存在其实是有一定依据的。现实生活中，有个别领导偏爱这种打“小报告”的人，他们把这些人当作自己必不可少的得力助手，甚至作为单位的中流砥柱，这些领导们了解单位职员的情况大都来自这些人的“小报告”。并且他们认为，这种获知下属的途径实为一条便捷之道。殊不知，天长日久，他们已与其他下属作为之间出现了一道鸿沟，“告密者”传递的信息经过“改编”已面目全非，因此这些领导得到的情况未必是真实情况。

要想正确处理这种情况，领导者首先应当做到不被进谗者的雕虫小技所惑，这是领导者明辨是非的基础，而明辨是非对一个管理者而言又是一项重要的品质。要明白，喜欢打“小报告”的人确实有点小聪明，会耍些花招，但在真正办事能力方面肯定不会突出，否则他就不会去做探子、博上司的欢心。并且领导还应当明白，单位上下所有人对这种人除了讨厌唾弃外，再无其他的感情可言。

当然了，这种下属并不是一无是处，精明的领导不会重用爱告密的人，但可发挥他的这种特长，把他安排在一个无关紧要的位置用劳动锻炼他，使他懂得“成功从来无捷径，甘洒血汗苦用功”。每一位领导都应该牢牢记住：绝对不能提拔爱告密的下属，否则后患无穷。

另外，作为上司应该尽量营造一种宽松和谐的工作氛围，在处理类似事情时，作为下属的直接管理者应该主动从自己身上找原因，平时给下属广开言路的机会，加强上下级间的沟通。

4. 女下属在办公时间化妆，怎么办

对于大多数女性来说，化妆是她们的一个天然爱好，当心情好时，她们喜欢化妆，这样自己可以更有心情；而心情不好时，她们更依赖面上的妆容，因为它们可以隐藏真实的自己，并在这个过程中打发掉令人不愉快的时光。对于女性职员来说，化妆就是生活的一部分，并且是不能缺少的一部分，从这个意义上来说，化妆就是她们的生命。

但是，不少女性职员往往无法控制住她们这种爱美的习惯。对于一个职业女性来说，在上班的时候打扮显然是一个令领导者很不喜欢的行为，对于喜欢上班时间到洗手间化妆或者补妆的女性下属，不少领导者往往沉不住气，直接批评她们，但是效果并不好。怎么办？考验领导智慧的时机来了，对于这种情况，领导者大可不必一刀切地批评，应该分情况对待。如果那些女职员只是利用化妆的时间放松自己的神经，并且占用时间并不

很长，不会影响整个工作的进展，那么领导不妨支持。因为通过补妆，自己的女下属不但容光焕发，而且工作更有效率，领导何苦吃力不讨好地管制她们呢？但是对于那些上班时间经常去补妆，严重影响工作进展和效率的女下属，领导就不必姑息她们，应该及时制止，否则很可能导致其他女下属效仿，造成工作上的损失。

2008年9月的一天，上海的一家著名心理咨询机构决定解聘他们公司的一名女秘书。本来解聘一个女秘书也不是一件什么大不了的事情，但是他们提出的这个解聘理由却很惊人：该秘书上班时间经常去化妆。这在当时的社会上引起了很大的反响。记者来到该公司，了解是否确有此事。该公司老总对此给予证实，并说："我们辞退她主要是考虑到公司的形象问题，她的这种行为影响很坏。"

该公司老总说，现在提倡建设企业文化，树立企业形象和品牌，容不得这样无视纪律的行为。公司是做生意的，做生意就得和客人打交道。作为公司的秘书，可以说是公司的形象大使，她的一举一动，对生意的促成很重要。顾客来了，见到你的秘书就倒胃口，还谈什么生意？谈不成生意，叫公司怎么活？公司不是要每个员工都必须潇潇洒洒、漂漂亮亮，我们只要求她注意自己的形象，上班时打扮一下、精神点，不要太邋遢，让顾客反感，这不但不过分，应该还是一个值得鼓励的行为，但是她在上班时经常离岗去化妆就有些不对了。

相对于男性来说，女性有着自己独特的特点，她们更爱美。许多女性职员会利用上班时间到洗手间化妆或补妆，这是一种自然和本能的反应，领导者应该注意并妥善处理这类事情。

5.

员工习惯性迟到，怎么处理

有的人经常迟到，而有的人一年当中可能就迟到一次，不同的员工不仅在次数上有着很大的区别，就是在迟到的原因上也差别很大。所以领导处理这些迟到者时，必须因人、因事而异。领导应先听听下属迟到的理由，以此来对他们的迟到做出处罚或是原谅的决定，而不是一厢情愿地意气用事。

有的下属会坦白地说明自己迟到的原因，如果说得符合事实并合情合理，并且也值得原谅，那么领导当然没有难为他们的理由；而如果下属的理由很牵强，而且又没有逻辑性，那么对这样的下属就应该提出批评，并且也要注意他们以后的行为，看是不是经常犯这样的错误。

当然通过对下属迟到原因的解读，领导者能做出很多事情来，细心的领导能发现更重要的信息，也就找到了一个展示领导关怀的舞台。比如有的下属解释自己的迟到是因为晚上睡不着，身体感到不舒服，早上到医院去了，那么领导就应该重视，问清楚下属病情是否很严重，能不能坚持工作。如果病情严重的话，就应该让其回家休息，以免病情进一步恶化。如果下属解释迟到的原因是家里发生变故，领导则应该及时地去安慰一下下属受伤的心灵。领导如果处理得合情合理，下属自然会心服口服，感激领导对自己的关心，工作也会更加努力，从而收到一举两得的效果。

美国密歇根大学成功学专家阿罗·汤姆森曾经在他的一本书中说了一个他亲身经历的事件，他说道："我曾经是一个部门的领导，并且亲自抓过员工迟到这件事情。迟到本来就是难免的事情，用不着大惊小怪。如果只是偶尔遇见一个迟到进厂的员工，他低着头斜着身子溜过去，我从不去责备，也不会呵斥他站住。"但是汤姆森又认为有两种迟到的情况总经理要亲自管：一是重要成员多次迟到，比如总工、财务总监、营销副总、采购经理等，你得亲自去了解他个人或家庭出了什么问题没有，或工作有无重大失误，还是有离职之意；二是整个公司员工迟到成为流行病，连续3～5天迟到率都不低于5%，那就是大问题，说明人心涣散。而在那一次他碰上的是第二种情况，太多人迟到，于是汤姆森通过明察暗访试图去弄明白公司普遍存在的员工迟到的原因。

他首先召开了一个企业中层会议，并宣布："从今天起，我是本公司的总经理，各位的工作该怎么做不要问我，我目前只抓这一件事。普通员工迟到我不管，我只管在座的各位，包括我一共八位。大家都不愿早早上班，说实话，我也不想。可以由8点上班改为10点上班，不会迟到了吧，但晚上8点下班（有人插话说太晚了），我还没权力把每天八小时工作制改为六小时，我们的效率也还达不到。从明天起，我只做一件事，管八个人的迟到问题。"

每天7点30分他站在厂门口迎接员工上班。如果另外七位中有8点后到的，他会与之对表，看看是不是他的表出了问题。没必要说人家不对，傻瓜都懂得迟到不对。抓了一段时间后，迟到的现象就慢慢地消失了。

无论是在企业还是其他事业单位，偶尔的迟到都是无法避免的。正确处理这种局面，不仅对于整顿公司的纪律有很重要的作用，也是考验领导智慧的一个重要平台。

6.
“问题员工”的分类及药方

很多企业都有不同程度的“问题”员工存在，这些员工分布在团队的各个层面，虽然数量不多，但对于团队管理者来说，也足够让人头疼的了，他们的存在，令管理者“如鲠在喉”，不得不拿出更多的时间来“对付”这些“问题”员工。

作为管理者，应该有责任、有义务去深入探讨这些“问题”员工所存在问题的深刻根源，从而及时做出“诊断”，开出“药方”，实施方向正确、手段和效果良好的管理模式。具体的问题类型与治疗药方如下：

（1）心理失衡型

症状即由于对身边与自己类似的事或物的比较而产生心理的不平衡，表现出心理失常的现象。比如，有的业务员在看到原来同一级别的同事成为自己的上司后，心中就存在不平衡心理。因此，在工作中经常不配合或“捣乱”，或散布一些上司在某些方面不如自己的“贬损”言论等，从而成为上司眼中的“问题”员工。

药方：对于此类“问题”员工，一定要放下架子，先做“哥们儿”，让失衡的下属找到平衡的感觉，绝不能在其面前以领导自居。只有对其“先交朋友，后做上级”，经常在公开场合对其恰如其分地给予表扬或“提及”，尤其是其不在现场时，能够传到其耳朵里效果会更好。

（2）习惯使然型

症状即由于个性因素造成的自身“问题”。比如，有些员工由于自身原有的习惯，平时工作作风懒散、拖拉、玩世不恭等，也是“问题”员工形成的一个主要原因。

药方：对于有恶习但在业务上有一套的“问题”员工，作为管理者，必须发扬“传、帮、带”的作风，使其远离陋习，从而使其保持与团队的合拍与步调一致。而主要采用的有效手段，便是动用“家法”，即制度与规范约束。当然，这需要管理者首先“身正”，正己才能正人。对于没有潜力，但又“恶贯满盈”的员工，那就需要“快刀斩乱麻”，通过“杀鸡儆猴”，从而起到鞭策后进及有不良习惯的员工。只有这样，才能起到警示他人、净化团队的作用。

（3）倚老卖老型

症状就是有的下属由于做市场的时间较长，销售业绩非常优秀，于是就开始沾沾自喜，对谁都不屑一顾，加之企业领导对其的偏爱，便不把上司放在眼里，从而也成为了“问题”员工。

药方：对于此类员工，需要慎重而为之，因为此类“问题”员工，由于其“树大根深”，因此需要采取一定的策略与技巧。首先，要懂得先扬后抑，即经常通过看似表扬实则“话中有话”的方式，给予其身份提醒；其次，通过加压驱动的方式，“拔高”其销售指标，努力让其做得更好，给予其更大的挑战空间和更多的提升机会；最后，给其提供更大的“展示”平台，满足其表现欲。比如，利用给团队员工做培训的机会，让其现身说法，既能满足其表现欲，又表示了你对其的尊重与厚望。当然，对于敢挑战制度与规定的“业务老油条”，绝不能放任自流，听之任之，而应勇敢地拿起制度的“鞭子”，狠狠地给予惩戒。

（4）压力过大型

症状是由于工作目标制定过高，或下达的指标超出实际承受能力而造成自己心理负担过大，因而工作起来忧心忡忡，烦躁焦虑，思想消极，让人感觉有“问题”。

药方：对下属的期望值越高，其压力就越大。比如，在日常销售管理当中，有时销售目标制定得过高，会导致物极必反的效果，从而让业务员产生逆反心理，而给管理者带来诸多“难题”，比如“软抵抗”、消极怠工、“破罐子破摔”等。作为优秀的管理者，不仅会“加压”，而且会适时给下属“解压”，其方式有两点：一是授业，即传授给下属完成目标的方法、技巧、策略，提供必要的支持，从而让其更好地达成目标。其二是解惑，即根据其心理症结，解除其心里的困惑，让其得到精神与智慧上的支持，以此来鼓舞下属的信心，缓解其内在的紧迫感与压力。

（5）以牙还牙型

症状是由于误解上司“不公平”、对自己有偏见而“积怨”颇深，在一些场合故意顶撞上司，以发泄自己心头怨气等。比如有的业务员认为给自己制定的销售目标不合理，给自己提供的晋升机会少等，对上司“横眉冷对”，从而给自己戴上了“问题”员工的帽子。

药方：由于下属对自己的误解而造成的“问题”员工，作为管理者，一定要以宽广的胸怀，给予下属宽容与包容，一定要以“老大哥”的身份，敞开心扉，真正倾听下属的心声，感受他们的工作与生活，从而给予他们更多的理解与支持；而不是真的“以牙还牙”，对下属进行“报复”与“疯狂镇压”。作为管理者，只有与下属实现了“心与心”的沟通，“问题”才能“浮”出“水面”，才能使“问题”员工心理上没有问题。对“问题”员工的管理，最忌“不分青红皂白”，“一棍子打死”，从而激化矛盾，使自己作为管理者的权威一扫而光，甚至让整个团队变得冲突四起。因此，作为一名优秀的管理者，应是一个能及时化解团队内部矛盾，能坚持原则性，更能体现灵活性，围绕“问题”寻找方法的人。

第十三章

管理性格课：用好管理性格的双刃剑

人的性格是一个复杂的多棱体，也是一把“双刃剑”。从某种意义上说，性格是一种力量，更是一种重要的资本。只要能扬长避短，选择最适合自己性格特长发挥的方面，你就会发现一个崭新的自我。

1.
稳健——冷静型管理者

冷静型性格的领导从不矫揉造作，也不爱阿谀奉承。在工作上，他们往往乾纲独断，做事果断，非常有魄力。他们通常做事稳重，在做出决断之前反复考虑，以求对自己所说的话、所做的决定负责，但是一旦做出决定，就很难改变，显得非常固执。此外他们又非常注重实效，一旦他们感觉到新方法确实卓有成效，就会立刻做出调整，这样的性格特征让他们总能抓住有利的机遇。

沃斯·克拉克——希德基金会的前任负责人，就是一个非常典型的冷静型领导。他在工作上行为果断，从不缩手缩脚，也从不畏惧那些有障碍的工作，给人们留下了不少佳话和教训。

当时克拉克想要投资修建一座新剧院，他在纽约的一个地方选好了地址，但是几乎所有人都反对将剧院建在那里，他们认为那个地方的社会治安有问题。针对这些意见，克拉克只是冷静地问了一个问题，“你们当中有谁去过那儿？”但是没有人回答，因为所有的人都没有去过这个地方。于是克拉克最后决定亲自去那个地方考察一下。当他心怀忐忑、惴惴不安地来到这个小区时，呈现在他眼前的是一幅温馨的画面：孩子们在马路上嬉耍，街道上车水马龙非常繁华，没有持枪的暴力分子，只有在安定的环境下安居乐业的人们。于是他决定在这个地方建造剧院，结果大获成功。克拉克在自己的日记上记下了这样一段话：与其相信不确实的话语，不如相信自己的眼睛。克拉克此时充分发挥了自己冷静型领导的性格优势，他没有盲目听从大家的建议，而是冷静地思考，这也正是他成功的关键因素。

冷静型的领导还具有很强的完成任务能力与妥善安排事务的智慧，他们是公司里天生的领导人。这种领导常常话语不多，他们不会轻易把自己的想法显露在脸上，在任何时候都始终保持平和的状态，所以这样的上司总是给下属一种神秘感，让人难以把握其真实的想法。

这其实也是很多人对于老板和上司产生的一种误解，他们只看到了老板是企业最大的受益者，但没有看到老板也是最大的风险承担者。企业这棵大树倒了，其他人可以树倒猢狲散，去另谋高就，但是老板不能，他只能咽下所有的苦果。除了市场上的竞争外，还要打理方方面面的关系。企业越大，老板承担的风险也越大。因此，老板所面临的压力是常人无法想象的。尽管如此，老板在众人前，却总是表现得沉稳如山，气定神闲。

曾听说有一个建筑公司的老板，在年终时资金紧张，但是农民工兄弟却急需回家过年的钱，因此他背地里到处找人借钱发工资，但在农民工兄弟面前却笑嘻嘻地说保证工资一定会按时发放。另一位老板，公司处于困难时期，连自己汽车加油的钱都没有，但在公司里却照样谈笑风生，不紧不慢地与大家泡工夫茶喝，最后他也成功地渡过了危机。

冷静型性格的领导对自己的下属也很严格。他们欣赏那些有能力、做事有成效的人，讨厌那些油嘴滑舌、光说不练的假把式。不过，他们在严格要求下属的同时，却往往容易忽略下属的感受和待遇。虽然冷静型老板的领导方式可以提高工作效率，但却会给下属造成很大的压力。这样的领导一般让下属感到畏惧，有很强的距离感，所以作为一个冷静型的领导也应该时时注意增加亲和力。

韩莉丽是深圳一家小有名气的时装有限公司的老板，很少有人知道如今这个身价上千万元的女富豪曾经是个身无分文的川妹子。多年前，韩莉丽用多年打工挣来的钱办了一个小型制衣厂，当时她只请了一个师傅和几个同乡的打工妹，由于资金困难，她支付的工钱并不高，但却通过为人和蔼可亲和乐于助人留住了员工。有时员工病了，她会找车送他们看病，并为她们煎好草药，如果他们家里有困难，她会先支付一部分工资给他们应急，所以那些身在异乡的师傅和打工妹都把她视为自己的知己和朋友，愿意为她效力。理解建立在相互信任的基础之上，员工们也对她投桃报李，如果公司一时资金周转不过来，他们也会给予理解。尽管后来公司被称为服装界的大鳄，但莉丽对员工的态度却没有变，她经常在空余时间为员工举办生日晚会，还亲自去医院看望生病的员工，使他们感受到大家庭的温暖，从而积极主动工作，为公司的发展壮大打下了雄厚的基础。

“没有好的员工，企业就难以发展；而要吸引好的员工，让他们尽职尽责地为你工作，就需要你去尊重他们、关心他们。”韩莉丽如是说。的确，创业时因资金有限，不可能用优厚的工资和待遇去吸引员工，但我们可以用自己的亲和力去增强凝聚力，使员工乐意为你卖力工作，而这未必是用钱就能做到的。这一点确实是冷静型的领导应该学习和汲取的。

2. 奉献——包容型管理者

具体来说，在工作上，这种领导勤勤恳恳，他们通常把自己的抱怨放在心底，不轻易向外人倾吐，并转嫁到下属身上。这种类型的领导还有很强的责任心，他们可以为了公司的利益而牺牲自我，并且在牺牲过程中得到一种精神的升华。包容心强的领导通常很重感情，他们对自己的同事和下属非常负责，一旦对方有任何困难，总是竭尽全力帮助对方，甚至会在很大程度上牺牲自我的利益。

乔治·温斯顿是美国南卡罗来纳州一个城市的市政执行官，他的领导方式最让人着迷的地方就在于他有非常强的包容心。温斯顿所领导的城市堪称美国种族问题最复杂的城市之一。这是美国具有最多民族的城市之一，53%的居民是西班牙裔人，25%的居民是非洲裔人，还有22%的白人，而且这里在20世纪60年代曾经是黑人民权活动很有影响的一个据点。这样的城市结构决定了温斯顿必须对这种多样化的居民采取包容态度，温斯顿确实也做到了这一点。他不像前任执行官那样把这个城市只看成一个整体，他把它看成许多个体，并决定对每个社区逐个进行研究，并采取不同的策略来满足各社区的要求。他首先在不同的社区建立自己的警察机构，并且在每一个机构设置一个监督办公室，充分发挥各地的积极性。这种做法消除了社区和市政之间的不信任，通过他的一系列努力，终于使城市和谐起来。

但过度包容会使下属有空子可钻，常听到有些领导说："我对员工那么好，可是到最后他们都背弃了我，真是太不重情义！"古人韩非子也曾经说过："严家无强虏，而慈母有败子。"就是对这种情况的揭露和警示。包容心强的领导通常无法妥善地处理冲突问题，所以当他们面临与下属之间的冲突时，往往会不知所措，这就要求他们要学会恩威并施。

"倘若员工们明白你的关爱发自内心，就会感到安全和快乐，哪怕他们此刻一心想和你作对或发泄愤怒。"稻谷香公司的李大峰这样对记者说。一旦员工出现纰漏，她会像父母那样教育犯错误的员工，帮助他们同心协力渡过难关。但李大峰知道，家长式管理的使用范围只能到此为止。她不会放弃做一名家长的念头，但也绝不会溺爱自己的孩子。同时她又说道："如果有人表现不佳，工作偷懒，就必须卷铺盖走人。"这种恩威并用的手法为公司的发展壮大提供了有力支持。

其实古人对于这种领导方式的缺点也有着很深刻的认识，他们很早就学会了对于领导方式要恩威并用。我国历史上杰出的政治家和帝王唐太宗李世民就对这一点深有体会。他很善于处理君臣关系，恩威并施，双管齐下，为大唐江山的稳固和贞观盛世奠定了一个雄厚的基础，关于李世民的事例也成为千古流传的佳话，其中他对于李勣的处理被视为一个典型。

李勣是唐代政治家、军事家，原姓徐，名世勣，字懋功，亦作茂公。因唐高祖李渊赐姓李，故名李世勣。后因避唐太宗李世民讳，遂改为单名勣。曹州离狐（今山东东明一带）人。出身官宦世家，隋朝大业末年，曾任马邑丞。唐高祖李渊兵入长安时，李勣作为隋朝的将领积极抵抗唐兵，后来唐军将李勣擒获，打算将他当众斩首，而秦王李世民求情，高祖便赦免了李勣，从此李勣对于李世民就心存感激。

唐贞观四年（630），李勣一举突破突厥颉利可汗牙帐，为大唐在西域的经营打开了一个新的局面，但是后来因为他所率领的部队纪律松弛，致使突厥珍物被官兵掳掠殆尽，这使当时的突厥臣民对唐朝很是不满。御史大夫萧瑀弹劾李勣，劾请交付法律部门推勘审理，并要求对李勣进行严肃处理以平息民怨。唐太宗却予以特赦，宽容地放过了他。等到李勣进见，太宗则大加责备，李勣磕头谢罪。其实李世民并没有像李渊那样对李勣动过杀机，只是想通过他人对李勣的弹劾，稍稍警告一下李勣。因此在李勣谢罪之后，太宗才说："隋朝时史万岁打败达头可汗，而隋文帝却有功不赏，反而因其他小罪将其斩首。朕则不这样处理，记录下你的功劳，赦免你的过错。"于是，加封李勣为左光禄大夫，并赏赐他一干什物。不久，太宗对李勣说："以前有人说你的坏话，现今朕已醒悟，你不必挂在心上。"又赐给绢 2000 匹。

李世民驾驭功臣的手段便是恩威并用。唐太宗很聪明，他知道对卓尔不群的李勣该怎么收，应如何放，拿捏得恰如其分，所以李勣才会心甘情愿地帮助唐太宗去打天下。在唐太宗的英明领导之下，李勣为唐朝立下了汗马功劳，后被封为英国公，是凌烟阁二十四功臣之一。

包容心强的领导通常做事很小心，喜欢一个人默默工作，很务实，喜欢井然有序、按部就班的生活。他们的特点在于能够客观地分析周围的形势，能根据实际情况来妥善地处理一些人际关系问题。

3. 近人——亲和型管理者

这种领导平时没有架子，在下属有困难时，又会热心地帮助，他们往往很有亲和力，和下属的关系都很亲密，下属也都很信赖和支持他们。

艾伦·B.维埃拉是法国一家列车制造公司的总裁，他在日常的工作中采取平易近人的管理方式。他时刻提醒自己，自己与公司的所有职员是一种平等的关系，因为大家都有一个共同的使命，都是为了公司的发展壮大而努力。他时常这样告诫自己："我不妄自尊大。我不知'谦卑'这个字眼儿对我是否合适，但相对而言我知之甚少，关于这一点我心里有数。"他认为，自己想实现的最重要的愿望就是创建一个让所有人都能充分施展才能的机构。对于他来说，这还要靠完成一项项任务、达到一个个目标、实施一项项计划来实现。计划、安排的目标越多，而规定的实现目标的方法越少，其效果就越好。规定和结果几乎是成对比的，这样能促使每一个人发挥创造性，千方百计地找到完成任务的办法，而作为一个领导者的责任就是保证这一过程顺利展开。他把创建一个能够使员工充分展示才能的环境当作自己工作的一个目标。当危机出现时，他从来没想过让自己置身事外，而是与员工同艰辛共奋斗。在他看来，与职员共同承担责任是美妙和必然的选择。

例如有一次，列车出现一个关键性故障，排水系统经常不畅，列车面临被退货的危险，眼看公司就要面临巨大的损失。为挽回局面，他和所有研究人员一起想办法，做各种各样的实验来解决这个问题。在花费了很大的心血后，终于找到了解决问题的方法。在这个过程中维埃拉平易近人的管理方式发挥了重要的作用。

但是，光是一味地平易近人并不足以成为一个好的领导者，在平易近人的同时还要与员工适当地保持距离。正如古人所说的“马上看壮士，月下观美人”，距离才会产生美，对于一个领导者来说，适当的距离是必要的。与下属过于亲密可能会带来一系列问题：一是用权不公正；二是领导权威受影响；三是弱化下级执行力。与某些下属的关系过分亲密，客观上疏远了另外一些下属，在运用权力上就容易受到感情因素的干扰，导致用权不公。领导与下属过于亲近，容易失去自身的神秘感，下属会不在乎你的存在，你的权威性就会受到影响，这样会导致下级执行效能不高，甚至有令不行，有禁不止。

这种情况是需要警惕的：有一位女士，她年纪轻轻就已经是一家著名服装公司的老板了。她自信并充满魅力，公司里的所有营业员都认识她，并与她相熟。当顾客对售后服务问题和客服解决方案不满时，营业员会给她打电话；当营业员认为奖金发放、薪资结算、培训等不公时，会给她打电话；当营业员认为店长管理不当时，还会给她打电话……客观上讲，员工很喜欢这个老板，工作也蛮开心的，她的亲和力也在很大程度上帮助公司逐渐发展壮大。然而，这占用了她的大部分精力，也影响了中层管理者的发挥，而且由于与老板没有距离，使得原本在老板与员工中的那层面纱被轻易地揭开，变得那样简单和直接。我走访很多营业员时了解到，新员工对老板非常崇拜，但半年之后崇拜就会慢慢地减少，这也是这种领导方式的一个缺点。

平易近人的领导是另一种常见的领导，这种领导是最值得信赖的领导。他们通常都很乐观，在工作上总是把自己看作是和下属一样普通的职员，总会热情地参与工作，积极地听取别人的建议，努力地和别人共同完成工作任务。

4.
热情——活泼型管理者

活泼型的领导，由于他们待人热情的态度以及喜欢欢声笑语的生活态度，使得他们不管在什么样的环境里都怀着愉悦的心情。在工作上，这种性格的领导注重工作气氛，他们喜欢用轻松的态度处理事情，重视在工作中活跃气氛。

他们的热情使得他们不论面对怎样的突发情况，都能够欣然接受并加以处理。相对于对工作的抱怨，他们更喜欢用忙碌的工作来充实自己。活泼型的领导往往都有着很强的亲和力，由于他们对下属的要求不太严格，也不喜欢用条条框框去约束下属，这使他们很受下属的欢迎。

王女士经营着好几家服装店，但她从不把自己当作老板，在服装店里，她是个任何人都可以支使的人。她也喜欢跟下属开一些小玩笑，经常相互打趣，对一些男员工她时不时地递一支烟。在时装店里，她从来不会安静地待上一会儿，不是去看服装师设计，就是去与顾客聊天。因此凡是定做过她的服装的人都成了她的好朋友和她生意的回头客，同时所有员工都很喜欢她，大家在一起就像一家人一样。

活泼型领导和包容心强的领导一样，不善于处理冲突事件，他们在冲突面前大多保持缄默，宁愿采取被动的处理方式，让事件自己平息下去。因此，这种领导还应该注意培养自己沉稳的一面。

在这一点上，汉武帝刘彻是一个值得我们效法的榜样，他是个非常沉稳的人。

汉武帝很早就登基了，他雄心勃勃地想将“文景之治”的盛世继续下去，但在初期却遇到了阻力。阻力主要来源于当时的太皇太后窦氏，即武帝的爷爷汉文帝的皇后。从她做皇后到此时，已经有40年了，其本家族在朝廷的势力很是庞大。按照规定，分封的一些王与侯都要到各地自己的封地去，但窦氏的亲属们不愿意到那些边远的地方去，都留在京城，互相勾结、违法乱纪的事经常发生。对于窦氏来说，她和武帝的治国思想也有很大的区别。

窦氏喜欢的是在汉朝初年很盛行的黄老思想，即远古的黄帝和近世老子的思想，主要是“无为而治”的道家思想，这是汉初与民休息政策的基本治国思想，这使国家的经济得到了恢复和发展，促成了“文景之治”盛世景象的出现，在当时这也不失为一个优良的措施。但到了武帝时期，因为分封的诸侯王们对抗中央，所以迫切要求加强中央的权力来压制地方势力，这种思想已经不再符合时代的潮流。

武帝即位后便开始实行自己的政治方略：安排自己信任的人掌管朝中大权，如让舅舅田蚡做太尉，掌握军权。同时，许多儒生也被他重用。为了更多地选拔人才，武帝还下诏令全国官吏向中央推荐人才，当时叫“贤良方正”。董仲舒就是在这次推荐考试中得了第一名。武帝召见他，探询治国的良策，董仲舒便将自己一整套经过发展的儒家治国思想说给武帝听，武帝非常赞赏。

但此时的武帝还没有力量和自己的奶奶窦氏较量，在他任命的重臣赵绾提出窦氏不应再干涉朝政时，惹恼了窦氏。她逼迫武帝废除了刚刚实行的一系列改革措施，武帝任命的丞相和太尉也被罢免，有的大臣被逼死狱中。窦氏宠信的人接替了这些重要职位，听命于她。这对武帝是一个打击，但他有年龄优势，并没有从此消沉，而是养精蓄锐，等待时机。

4年后，即公元前135年，窦氏去世，时机终于来了，武帝马上将窦氏的人一律罢免，重新重用田蚡，让他做了丞相。治国思想也采用了儒家的主张，开始加强中央集权，对付地方的豪强势力。在这方面，汉武帝是一个值得我们效法的好例子。

活泼型的领导大多热情、好动，对工作和生活充满了热忱，这样的领导的特点就是把工作和欢笑结合在一起。他们不但热爱新奇的事物，自己本身更是生活里的新奇者，他们也将这种生活中的新奇之感带到了工作中。

5.
苦干——勤奋型管理者

这种领导喜欢引用孔子的这句话“君子不群”，在他们看来，坐在一起讨论是浪费时间，不如自己去积极地展开行动更为有效率。这种领导的独立工作能力强，甚至有时不需要下属的配合。这种人总能及时地完成自己的工作，他们擅长处理各种各样的突发情况，并且能够根据不同的环境及时更改自己的工作计划，一般来说他们的任务处理得都十分出色。

说到勤奋，就不能不提犹太人。犹太人的生存方法之一是培养勤奋的习惯。犹太人认为勤劳的人上帝总是给他最高的荣誉和奖赏，而那些懒惰的人，上帝不会给他们任何礼物。但是，犹太人同时还认为仅仅知道不停地干活并不算是真正的勤奋。他们认为成功的企业家不是因为他们比平常人更加勤奋，才有今天的成就；虽然，勤奋也曾经是他们努力的一部分，但并不是他们能够成功的根本原因。

一个人即使再勤奋，也承担不了多少工作量，其所做的事情也是非常有限的。企业家不需要依靠个人的勤奋来争取企业的成功，关键在于他是否有能力让下属更加勤奋。相反一个人过于勤奋的话，如果他不是正处于起步阶段，就是在走下坡路了。所以，领导者的心思主要是放在如何将手上的资源最充分地加以利用，而不是对自己最充分地加以利用，这是领导和下属之间的区别之所在。

我们有理由相信，勤奋只是成功的一个原因，甚至只是人的一种品德，作为一个老板还要掌握除了勤奋之外更多的东西。现实早已经证明了这个真理，我们并不比自己的祖先勤劳得多，但我们现在的生活水平却是他们远远不能相比的！这要归功于什么呢？显然，勤劳并不是唯一的原因，经营这种有别于一般性劳动的行为，为我们解开了其中的疑问，它也是我要为经营歌功颂德的理由。与其默默无闻地埋头苦干，不如多动些脑子！

6.

知人——善任型管理者

俗话说："千军易得，一将难求。"这种知人善任型的领导虽然他们不善知事，但却善知人。在工作态度上，他们不是那种勤奋努力、事事以身作则的好领导，但他们绝对是虚心听取下属意见、给下属发挥能动性空间的好领导。在工作上，这样的领导往往缺乏独立完成工作的能力，但却可以调动整个团体合作的积极性，能把每个人的积极性调动起来，让每个人都放光发热，所以这种领导的所在部门一般工作效率很高。

查理·波莱特是美国一个研究所的主任，她时常说这样一句话："我并不把自己当作领导者，只是把自己当作催化剂。我的目标是让员工自己设计一个远景规划，并成为为了集体的共同目标而奋斗的一分子。我不要求员工具体该如何做，这不是我的特长。"她认为要想做到的唯一方法就是发挥员工的创造性，使员工更出色地工作。她的这些话可以说是说到点子上了。

在中国古代历史上这种成功的事例从来就不乏其人，最为人所知的就是汉高祖刘邦。论出身，不过泗上一亭长，放在现在来说不过只是一个微不足道的小吏；论武功，也与"力拔山兮气盖世"的西楚霸王项羽不可同日而语。然而，就是这样一个市井无赖的刘邦，却最终击败了起初具有绝对优势的项羽，建基立业，开创西汉 200 年天下，登上了人所仰望的帝位。刘邦登上帝位后的一天，在洛阳的南宫大会群臣，宴席上他总结自己取胜的原因时说道："论运筹帷幄之中，决胜于千里之外，我不如张良；论抚慰百姓供应粮草，我又不如萧何；论领兵百万，决战沙场，百战百胜，我不如韩信。可是，我的特点在于知人善用，充分发挥他们的才干，这才是我们取胜的真正原因。”刘邦的总结无疑是深刻的。

刘邦身边的能臣良将非常之多，甚至可以说是车载斗量，比较著名的就有萧何、曹参、张良、韩信、陈平、樊哙、周勃等人。萧何打仗不行，管理后勤却有一套。刘邦把整个后方放心地交给萧何，而萧何也殚精竭虑，在楚汉数年的拉锯战中，保证了汉军兵源给养。韩信虽为汉军武将之首，却曾受胯下之辱，刘邦听从萧何的意见，为韩信筑台拜将，将自己的全部家当交给一个此前自己并不太信任的人，显示出他惊人的魄力，由于他的驾驭有方，最终使韩信为打下汉室江山立下了汗马功劳。而陈平是重要智囊，传其品行有亏，后来有人以此向刘邦进谗，但刘邦不为所动，终能用其所长，使之巧思运筹，妙计迭出，不但救刘邦于危难之中，还最终铲除了吕氏势力，安定了刘家天下。

相反西楚霸王项羽却恰恰相反，当年凭着“力拔山兮气盖世”的勇猛，带领八千子弟兵，东征西讨，身先士卒，大小七十余战，所向披靡，打遍天下无敌手，却最终难免垓下被围、乌江自尽的悲剧结局。究其原因，应为但凭一己之勇力，不能用人之过。此前的韩信、陈平都曾经在项羽的麾下，但他却不能放手任用他们，后来身边只剩下一谋臣范增，却仍不能完全相信他，最终吞下了失败的苦果。他在临死时说道“天之灭楚，非战之罪”，可谓是至死不悟了。

知人善任的领导大多很谦虚，对别人的意见从来都是虚心接受，他们自己虽然没有能力完成工作，但是却懂得应该让谁来完成这项工作。

7. 冲动——情绪型管理者

情绪型的领导在日常生活中也很常见。他们对工作很下力气，从来不会满足于把所有的事交给自己的下属而自己在一边只提些建议。但这种类型的领导很重视事情的成败。工作顺利时，他们很高兴，而工作不顺利时，他们就表现得非常不愉快。情绪型的领导对自己的下属其实很好，他们虽很容易训斥下属，但有时又很容易向人道歉，所以这种领导与自己下属的关系很亲近。

情绪型的领导因为很小的事情就轻易地发怒，将全部的情绪都轻易地浮现在脸上；固执地坚持自己的主张，不愿听取别人的意见；性格冲动，经常不分青红皂白地训斥下属，等等。这种性格的领导虽然冲动，但他们大多数都很正直，也赏罚分明，对于勤奋工作、努力上进的下属，他们会大力地提拔；但对于那些只说不练的下属，却非常地反感。因此，如果这种人能够有效地控制自己的情绪，那将来的成就会不可限量。

施瓦茨是瑞典的一个著名科学家。有一天，他因为牙病发作，疼痛难忍，所以心情非常不愉快。于是他走到了书桌之前，拿起一位不知名青年寄来的稿件，粗粗看了一下，觉得满纸都是荒唐之言，顺手就把这篇论文丢进了纸篓。几天后，他的牙痛好了，情绪也好多了，那篇论文中的一些荒唐之言又浮现在脑中。他急忙从纸篓里把它捡出来重读了一遍，结果发现这篇论文很有科学价值。在为作者的新思路惊讶不已的同时，也为自己因情绪不好险些埋没了一位天才而懊悔不已。于是，他立刻将这篇论文推荐到一家著名的杂志。这篇论文发表后，轰动了学术界，该论文的作者获得了当时一个著名的奖项，这个青年也取得了很大的成就。可以想象，如果施瓦茨的情绪没有很快好转，那篇闪光的科学论文的命运就将在纸篓里结束了。

一个领导如果遇有不良的情绪，而且又难以调节和控制，那么此时处理工作，影响的就不会只是局限于个人的声誉和身体，而是会影响涉及全局的事业。因此对于一个领导者来说，保持良好的情绪至关重要。我们要学会理智地控制情绪，用适当的方法转移和调节自己的不良情绪。把握情绪，调节情绪，驾驭情绪，控制情绪，不要因不良情绪破坏了手中的大事，是需要引起领导干部注意的一个问题。

日本著名的企业家松下幸之助就经历过这样一件事情。有一次，部下柯南犯下一个大错。松下当时正赶上一件不愉快的事情，听说柯南之事后，更加愤怒，他一面用挑火棒敲着地板，一面严厉责骂柯南。骂完之后松下注视着挑火棒说："你看，我骂得多么激动，居然把挑火棒都扭弯了，你能不能帮我把它弄直？"柯南自然是遵命，三下五去二就把它弄直了，挑火棒恢复了原状。

松下说："咦？你手可真巧啊！"随之，他的脸上立刻绽开了亲切可人的微笑，柯南一肚子的不满也立刻烟消云散了。柯南非常感动，从此更加发奋地工作。

著名的成功学大师卡耐基认为，领导者必须有良好的修养，不要轻易发怒，一定要能控制自己的情感而不失常态，能约束自己的行为而不为意气所动，做到了这一点就迈出了走向成功的一大步。后来他又具体地给人们提出了以下几点建议。

（1）部属做错了事不要马上对其发怒

即使是犯了错误的下属也同样有自尊心，有时甚至比其他人更渴望得到别人的理解和尊重。作为领导者，应该充分考虑下属的这些需要，要学会尊重你的下属。当其情绪因素占上风时，无视事实，看问题时往往会有很大的偏见。因此在与下属的交往中，领导者要保持冷静、理智，下属就会感到你真诚可信；相反，如果你总是摆出一副居高临下的态度，即使你有理，也不会使人心悦诚服，甚至会产生逆反心理。

（2）要全面看待部属

当部属在工作中出现了错误，领导者一定要心平气和地冷静处理，千万不能火上浇油。可以想象，没有哪一个部属希望自己的工作出现纰漏，因此有经验的领导者往往先以安慰和平息事态为主，然后再详细了解情况，总结经验教训。事实证明，领导者越是心平气和、宽宏大量，部属则越能自觉地检查自己的过错，竭力做好弥补工作。

（3）当部属顶撞自己时不要对其发怒

领导者因部属顶撞而发火，究其原因，不外乎以下几点：一是怕丢面子，觉得受到下属顶撞很没面子，有失领导者的权威；二是想给部属一个下马威。有的部属能力较强，有时目中无人，傲气十足。领导者对其发怒，是想挫其傲气，让其清醒一下；三是杀鸡儆猴。在领导者看来，不把顶撞者压下去，其他部属必然效仿，于是就借着部属顶撞的机会，敲山震虎，杀鸡儆猴。总而言之，一个领导者要成功地驾驭部属，必须以德感人，以理服人，以能力和实绩取信于人。其实，采取压服的办法，到头来只能是压而不服，真正伤感情、丢面子的还是领导者本人。因此，当部属顶撞自己时，要特别冷静。

（4）采用书面的方式批评

任何人都难免会犯错误，即使是一些职务很高的人也不例外。对于公司员工的过错，管理者不能视而不见，对他们采取姑息宽容的态度。但是，管理者也要注意批评的方式，在批评下属时用书面形式，往往能收到不错的效果。

（5）在批评时要巧妙地转一个弯

现在非常流行的一种方式就是“胡萝卜加大棒”，但是是先用大棒还是先用胡萝卜，不同的管理学家有着不同的见解。有的领导认为先说赞扬的话再批评，带有操纵人的意味，用意过于明显，所以不喜欢用。更多时候，许多领导把表扬放在批评之后，这也不失为一个好的办法。

第十四章

管理危机课：防患未然还是临渴掘井

企业每天都面临着新的变化，每天都可能出现新的危机。危机一旦爆发，多多少少都会给企业带来一定的损失。面对不期而遇的企业危机，消极被动地处理只能使企业走向失败。所以，企业领导者一定要有危机担当意识，及时、妥善地处理各种危机。

1.
最大的危机是没有危机感

19 世纪末，哈佛大学的学者们曾做了一项有名的青蛙实验。他们把一只青蛙冷不防地丢进滚烫的油锅中，在千钧一发的生死关头，青蛙用尽全力，一下子就跃出油锅，跳到锅外的地面上，安全逃生！

半小时后，他们使用相同的锅，在锅内放满冷水，然后把那只死里逃生的青蛙放回锅里，接着用炉火慢慢地在锅底加热。青蛙悠然地在水中享受"温暖"，等它发现热度逐渐升高，必须奋力逃命时，却为时已晚——它已没有跳出锅外的力气了。

就这样，青蛙全身瘫痪，葬身在热锅里。

安于现状是多么可怕，它会让人缺乏危机意识，在无意中放松对自己的要求，就像不知不觉滑到危险的温水里。当你正在闭目享受舒适的"温水浴"时，稍不留意，你就可能变成温水中的"死蛙"！

在安逸和忧患面前，或许更多的人选择的是安逸。古人"人无远虑，必有近忧"的话也渐渐演变成了"人有远虑，必有近忧"。眼前的安逸虽然能让你暂时得到满足，但当危险来临时，你已经没有跳出温水的力气了。

在生活中，有这样一个奇怪的现象：出现严重交通事故的地方往往是路况比较好的公路上，而在路况很差的地方，虽然也会出现交通事故，但通常出的事故都比较小，不会给人带来太大的伤害，这是为什么呢？

原来，在路况和视野极好的公路上，开车很容易，司机们往往会放松警惕，甚至还会有打瞌睡的现象发生。当发生突发状况，就会避让不及，在极高的车速下造成严重的交通事故。而在路况不好的郊区，司机们的警惕性极高，车开得很慢，在这种情况下反而交通事故率和严重程度比较低。

看来，在这个社会里，最大的危机是没有危机感。自我陶醉，安于享乐，危险必然悄然降临。没有危机意识就会面临“杀机”，时刻保持危机意识才会迎来“生机”。

英国人力培训专家吉尔伯特说：“真正危险的事，是没人给你谈危险。”人要学会用望远镜看世界，用放大镜看自己。在顺境时，要记得给自己找个退路；在逆境时，要懂得为自己找条出路。

《礼记·中庸》中说：“凡事预则立，不预则废。”人如此，企业发展也不例外。美国著名管理学家菲特普曾经出版过一本叫作《危机管理》的书，在书中，他对《财富》500强的企业领导者进行了一次调查。调查发现，80%的领导者都认为，现代企业不可避免地要面临危机，就如人不可避免地要面对死亡。

在一个企业内部，如果员工们一直沉溺于过去的辉煌，没有丝毫的危机感，时间一长，就会被习惯性思维所控制，从而失去竞争力，被对手超越，被市场淘汰。所以，作为一名企业领导者，培养员工的危机意识是十分有必要的。有了强烈的危机意识，才能使团队团结起来，形成强大的合力。

哈佛商学院教授理查德·帕斯卡尔说：“21世纪，没有危机感是最大的危机。”

微软的比尔·盖茨总是感到危机感的紧迫存在：“微软离破产永远只有18个月。”

联想的柳传志总是认为：“你一打盹对手的机会就来了。”

百度的李彦宏经常强调：“别看我们现在是第一，如果你30天停止工作，这个公司就完了。”

华为教父任正非在《华为的冬天》里写道：“十年来我天天思考的都是失败，对成功视而不见，也没什么荣誉感、自豪感，而是危机感。也许就是这样才存活了十年。我们大家要一起来想，怎样才能活下去，也许才能活得久一些。失败这一天一定会到来，大家要准备迎接，这是我从不动摇的看法，这是历史规律。”

在企业发展的过程中，危机是不可避免的，但企业领导者若是能未雨绸缪，提前制定规则，就会大大降低危机发生的概率，也能给员工一个警示作用。

企业领导者如果能把“温水煮青蛙”的理论运用到实践中，就会在企业内部产生一种紧张感和危机感，这样一来，员工就会更加奋发地工作，积极地为企业的振兴出谋划策。

巴尔扎克有句脍炙人口的名言：“一个商人不想到破产，如同一个将军永远不准备吃败仗，只能算‘半个商人’，是不成功的商人。”那么，怎样才能成为“一个商人”呢？巴尔扎克给出的答案是：“要想到破产。”只有在危机发生前做好了充分的准备，对各种可能发生的危机了如指掌，才能从容不迫地应变，游刃有余地解决危机。

2.

破窗理论，修好第一扇被打碎的玻璃

美国斯坦福大学心理学家菲利普·辛巴杜于1969年进行了一项“偷车实验”：他找来两辆一模一样的汽车，把其中一辆停在加州帕洛阿尔托的中产阶级社区，另一辆停在相对杂乱的纽约布朗克斯区。停在布朗克斯的那辆，他把车牌摘掉，把顶棚打开，结果当天就被偷走了。而放在帕洛阿尔托的那一辆，一个星期也无人理睬。后来，辛巴杜用锤子把那辆车的玻璃敲了个大洞。结果呢，仅仅过了几个小时，它就不见了。

后来，在此实验的基础上，美国政治学家威尔逊和犯罪学家凯林提出了有名的“破窗理论”：如果有人打破了一幢楼房的窗户玻璃，而这扇窗户又得不到及时的维修，别人就可能受到某些示范性的纵容去打破更多的窗户。久而久之，这些破窗户就给人造成一种无序的感觉，结果在这种公众麻木不仁的氛围中，犯罪就会滋生和蔓延。

“破窗理论”在企业管理中给我们的启示是：领导者必须高度警觉那些轻微的、看起来不起眼的“小危机”，不及时修补好“第一扇被打破的玻璃”，就可能会带来无法挽回的损失。

事后控制不如事中控制，事中控制不如事前控制，这是企业处理危机的原则。企业每天都在面对着新的变化，每天都有可能出现新的危机，如果不能抓住时机，将危机消灭在萌芽状态，就会引发更大的危机。

海尔是一个家喻户晓的中国企业品牌，创立于1984年，经过28年创业创新，从一家资不抵债、濒临倒闭的集体小厂发展成为全球白电第一品牌。到2012年，海尔集团全球营业额1631亿元，在全球17个国家拥有八万多名员工，海尔的用户遍布世界一百多个国家和地区。

海尔的成功，很多人把它归功于它成功的管理模式，即著名的“海尔模式”。

“小小神童”洗衣机在上海卖得火热之际，一位上海客户在触摸洗衣机进水孔时，小拇指被“毛刺”划伤了。这位用户立即将此事报给了媒体，尽管他对海尔洗衣机十分钦佩，甚至在对产品提意见时，仍然有95%的篇幅是赞扬海尔的话。但是这位客户的投诉文章标题耐人寻味：“海尔怕什么？”

海尔总裁在收到这篇报道的复印件之后，心里沉甸甸的，因为他意识到这个小小毛刺，刺伤的不是用户手指，而是用户对海尔的信任感。

于是，《海尔人》报在头版连续三期发表文章，进行讨论，题为《我们怕什么》，文章说：“海尔面对国内外强劲的竞争对手，可是从未怕过！那么海尔怕什么？我们唯一害怕的只有我们自己！我们周围有看得见的毛刺，还有我们看不到的毛刺，但是最可怕的是我们思想上的毛刺！”

2000年，在集团高级管理人员OEC浮动培训会上，张瑞敏又想起了“毛刺”事件，他意味深长地对管理人员说：“其实当你的成果受到市场欢迎的时候，就说明很快要被别人超越了，而且别人怎样超越你，你永远也不会知道。既然如此，从成果出来的那天起，你就只有自己否定自己，再开发一个更新更好的产品，永远战战兢兢，永远如履薄冰。例如我们遇到的‘毛刺’事件，我们不可能去打官司，那太耗费精力了。我们能做的就是吸取教训，向用户赔礼道歉，该赔偿的就赔偿。然后很快推出‘小小神童’第二代、第三代。技术含量的高低应该由消费者来评定，消费者都来购买你的产品，那么你的技术含量就是受到了肯定。消费者不认可，技术含量再高也是没有用的。

“如同登山，你所到达的位置越高，危险当然就越大。一旦失手，就是万劫不复。在这个行业里，发展得越快感到自己知道的东西就越少。我不会因为风险大而退避三舍，也不认为任何事都会成功，我觉得一要积极进取，二要非常慎重。因为市场不给你犯错误的机会，也不给你改正错误的时间。”

一个伟大的企业，无不是保持着强烈的危机意识，也无不是在危机刚露出一点头来，就将它消灭在萌芽中。一个洗衣机上小小的毛刺，就让全体海尔人“战战兢兢，如履薄冰”，可见海尔人处理危机的成熟程度。

中国有句古话：“千里之堤，毁于蚁穴。”小小的过错可能会带来大大的伤害。在危机发生以后，企业领导者应该迅速采取行动，用最经济的成本、对社会最有利的方式来解决问题，而不是去遮掩问题。当危机发生时，也许别人没法控制，但领导者可以控制。对待危机要冷静处理，迅速行动，研究出多个解决方案，然后在这几个方案中选取风险最小和收益最高的一个，果断地实施，及时修补好“第一扇被打破的玻璃”，这才是领导者高情商的表现。

3. 解决危机，速度决定一切

在领导的工作范畴之中，如何应对危机是体现其领导力和情商最重要的一环。一个成功的领导者，其智慧与才能，正是在应对一连串的危机中逐步提高的。身为领导者，在遇到危机时，应当志存高远、百折不挠、坚持到底、不达目的不罢休。

面对突如其来的商业危机，消极地应对只能使企业迈向深渊。抓住时机、临危不乱、马上行动，才可以从容不迫地化解危机。

曾经有一位哈佛学子在采访一位企业领导人时，听到了这样的回答：

"你的企业遇到过危机吗？"哈佛学子问。

"当然遇到过！"他回答。

"当你遇到危机的时候，是如何处理的呢？"

"马上行动！"他说。

"当你遇到经济上或者其他方面的重要压力的时候呢？"

"马上行动！"他说。

"在婚姻、感情上遇到挫折或沟通不良的时候呢？"

"马上行动！"他说。

"你在人生过程中遇到困难都这么处理吗？"

"马上行动！"他给这名学子的答案只有这一个。

马上行动是一种习惯，马上行动是一种应对危机的态度，马上行动也是每个高情商的领导者共有的特质。你有一个好的策略，又及时采取行动，不一定能带来令人满意的结果，但不采取行动就绝无满意的结果可言。

当危机出现的时候，企业领导者要及时制定应对策略和步骤，并成立一个“危机处理小组”，这样才能在第一时间弄清真相，对症下药。

危机总是突如其来，所以才取名“危机”。当危机发生的时候，千万不要惊慌，首要的问题是在第一时间成立危机处理小组，争取从形象上给消费者一个交代。危机时刻更需要领导者站出来，勇敢地带领组织战胜危机，将损失降到最低，这才是领导者应有的作为。

2000年10月19日，美国食品和药品局的一个顾问委员会紧急建议：应把PPA列为“不安全”类药物，严禁使用，因为一项研究结果表明，服用含有PPA的制剂容易引起过敏、心律失常、高血压、急性肾衰、失眠等严重的不良反应，甚至可能引发心脏病和脑出血。

美国耶鲁大学医学院的拉尔夫·霍尔维兹博士及同事在其撰写的报告《脑出血工程》中指出:“有病例显示，服用含有PPA药物的病人容易发生脑中风。”霍尔维兹及同事通过对2000个年龄介于18～49岁的成年人，包括702个因脑中风而住院的病人，进行了长达五年的跟踪研究，终于得出了上述结论。

这个消息就如同一枚重磅炸弹，在全球范围内引起了轩然大波。在墨西哥，卫生部长呼吁禁止使用含有PPA的药物，许多医疗部门和药店纷纷向中美史克公司退货。在中国，2000年11月16日，我国国家药品监督管理局负责人紧急召开记者会，告诫患者，立即停止服用所有含有PPA的药品制剂。

中美史克公司在接到《关于暂停使用和销售含苯丙醇胺的药品制剂的通知》的正式通知后，并没有惊慌失措，而是立即成立专门负责应对危机事件的危机管理小组，分头负责各个环节的问题。中美史克公司的一名负责人说:“如果我们接到法庭的传票，我不会说我们从来没有想到打官司。如果一些事情发生了，我们还是要做好处理这些事情的准备。”

与此同时，危机管理小组发布了危机公关纲领：坚决执行政府暂停令，暂停生产和销售；通知经销商和客户立即停止康泰克和康得的销售，取消相关合同；停止广告宣传和市场推广活动。

在中美史克总部，公司专门培训了数十名专职接线员，专门负责接听来自客户、消费者的询问电话，做出准确统一的回答以消除疑虑。11 月 21 日，15 条消费者热线全面开通。

这些应对危机的策略取得了不同凡响的效果，使中美史克公司顺利地渡过了危机，为日后新康泰克的复出创造了条件。

随着人们生活水平的提高，人们对健康的要求也越来越高。在一些服务性的企业，一旦在危机发生时处理不得当，就会引发一连串连锁反应，使企业真正陷入“万劫不复”。所以，在处理危机事件的时候，一定要迅速行动，占得先机。

《英国十大首富成功秘诀》曾这样分析当代英国顶尖成功人士，该书指出：“如果将他们的成功归因于深思熟虑的能力和高瞻远瞩的思想，那就失之片面了。他们真正的才能在于他们审时度势然后付诸行动的速度。这才是他们最了不起的，这才是使他们出类拔萃、居于实业界最高职位的原因。什么事一旦决定马上就付诸实施是他们的共同本质，‘现在就干，马上行动’是他们的口头禅。”

4. 要么选择冒险，要么选择死亡

比尔·盖茨说：“所谓机会，就是去尝试新的、没做过的事。可惜在微软神话下，许多人要做的，仅仅是去重复微软的一切。这些不敢创新、不敢冒险的人，要不了多久就会丧失竞争力，又哪来成功的机会呢？”

在比尔·盖茨看来，成功最主要的因素就是冒险。在任何事业中，如果去掉了冒险精神，自然也就把所有成功的机会都去掉了。在比尔·盖茨的一生中，一直陪伴他的就是强烈的冒险天性。他甚至认为，如果一个机会没有伴随着冒险，这种机会通常就不值得花心力去尝试。

冒险精神在危机处理中同样适用。在企业面临危机的时候，没有领导者能肯定自己的决策永远是正确的。而成功者与失败者的一个重要区别在于他们是否相信自己的判断，是否具有冒险的勇气，而不在于其能力的高低和决策的完善与否。

越是畏首畏尾，就越是寸步难行，因为前进的道路上永远铺满着荆棘。鲁迅先生曾经说过：“世界上原本是没有路的，走的人多了，也就有了路。”成功永远属于敢于第一个吃螃蟹的人。作为一名企业领导者，在处理危机时，一定要不惧危机、敢于冒险、险中求胜，任何的犹豫和拖延都会导致事态扩大。

世界保险业的巨子克莱门提·史东在事业蒸蒸日上的时候，大萧条的寒流席卷了美国，许多中小工商业倒闭，人们都想把钱存下来以度将来更艰难的日子，再也没有人想到史东的保险公司去投保了。史东冷静地面对现实，他认为：“如果你在困难的时期以决心和乐观来应付，你总会有利益可得。”史东把自己的想法灌输给自己的部下，现在推销队伍只剩下200人，他带领着部下艰难奋战。

一度十分兴盛的宾夕尼亚伤亡保险公司因不景气而停业，并愿以160万美元出售。史东得到这一消息，决心乘此良机将该公司买下来，但是，他没有这么多钱，他对自己说了句：“现在就做！”带领律师走入了巴的摩尔商业信用公司董事长的办公室。

“我想买你们的保险公司。”

“很好，160万美元。你有这么多钱吗？”

“没有，不过，我可以借。”

“向谁借？”

“向你们借。”

这真是一桩不可思议的买卖。但是，经过多次洽谈，商业信用公司还是同意了。克莱门提·史东买下宾夕尼亚伤亡保险公司，苦心经营，终于将一家微不足道的保险公司发展成为今日的美国混合保险公司，史东本人也跻身于美国富翁之列，其财产至少在5亿美元以上。

在这个世界上，不知道每天有多少曾经盛极一时的企业走进了坟墓，产生这种现象的原因就是它们墨守成规、不敢冒险。今天的社会是一个“快鱼吃慢鱼”的时代，在知识经济的大潮中，大公司不一定打败小公司，但是快一定会打败慢的。

如今市场竞争异常激烈，市场风云瞬息万变。一方面，很多领导者在感叹“生意越来越不好做”，另一方面，国外的资本、技术、新产品正在源源不断地涌入中国的市场。在这个繁纷复杂的市场里，一批又一批的企业在竞争中倒台，也有一批又一批的企业脱颖而出。因此，在这个“快者为王”的时代里，速度已成为企业的基本生存法则。

1975年初春的一天，美国亚默尔肉食加工公司的老板正躺在沙发上看报纸，突然，一则短讯让他双眼圆睁：“墨西哥将流行瘟疫。”

这位老板立刻推测，如果墨西哥有瘟疫，必定从加利福尼亚和得克萨斯两州传入美国，而这两州又是美国肉食供应的主要基地。这两地一旦瘟疫盛行，那么全国肉类供应必定紧张。

于是，在证实了这个消息的可靠性之后，他倾囊购买得克萨斯州和加利福尼亚的生猪和牛肉，并及时运往美国东部。

不出所料，从墨西哥传来的瘟疫蔓延美国西部几个州。美国政府立即严禁这些州的食品外运。于是美国全境一时肉类价格暴涨，肉类奇缺。亚默尔公司数月内净赚900万美元，一时占尽风光。

罗斯福说:“在人的一生中，没有什么是值得害怕的。唯一值得害怕的，只是害怕本身。”海尔总裁张瑞敏先生说:“如果有 50% 的把握就上马，有暴利可图；如果有 80% 的把握才上马，最多只有平均利润；如果有 100% 的把握才上马，一上马就亏损。”冒险不是赌博，也不是冒进，而是要建立在科学分析和理智思考的基础上。中国有句古话:“六十算以上为多算，六十算以下为少算。”当你有 60% 以上的把握时，就要当机立断，大胆地去行动。

“要么选择冒险，要么选择死亡”。在这样一个发展速度快又变化剧烈的商业环境中，只有那些敢于冒险的领导者才能带领企业走出困境。

5.
化危机为商机

很多企业领导者，常常在一帆风顺的时候，对潜在的危机视而不见；而在濒临破产的时候，又对隐藏的生机熟视无睹。其实，万物皆负阴抱阳，事情应一分为二。因此，在最坏的时代，我们要看见最好的一面；在最好的时代，要看见最坏的一面。

中文的“危机”分为两个字，一个意味着危险，另外一个意味着机会。当危机来临时，高情商的企业领导者，往往能巧妙地度过危险期，并紧紧地抓住机会，把危机转化成商机。

在南宋绍兴十年（1140）七月的一天，杭州城最繁华的街市突然失火。火势迅速蔓延，数以万计的房屋商铺置于火海之中，顷刻之间化为废墟。

有一位裴姓富商，苦心经营了大半生的几间当铺和珠宝店，也恰在那条闹市中。火势越来越猛，他大半辈子的心血眼看将毁于一旦。但他并没有让伙计和奴仆冲进火海舍命地救珠宝财物，而是不慌不忙地指挥他们迅速撤离，一副听天由命的神态，令众人大惑不解。

然后，他不动声色地派人从长江沿岸平价购回大量木材、毛竹、砖瓦、石灰等建筑用材。当这些材料像小山一样堆起来的时候，他又归于沉寂，整天品茶饮酒，逍遥自在，好像失火压根儿与他毫无关系。

大火烧了数十日之后被扑灭了，但是曾经车水马龙的杭州，大半个城已是墙倒房塌一片狼藉。不几日朝廷颁旨：重建杭州城。凡经营销售建筑用材者一律免税。于是杭州城内一时大兴土木，建筑用材供不应求，价格陡涨。裴姓商人趁机销售建材，获利巨丰，其数额远远大于被火灾焚毁的财产。

英国医生卡罗琳说："让我们建议处在危机之中的人：不要把精力如此集中地放在所涉入的危险和困难上，相反而要集中在机会上——因为危机中总是存在着机会。"其实，世界上很多危机都蕴藏着机遇，只要你能用心去察觉、用心去分析，就一定能抓住商机渡过危机，把企业做大做强。

每一位企业领导者都惧怕危机，但危机的出现却并不以任何人的意志为转移。西方企业界有句名言："危机就如死亡与税收，对于企业及组织来说，都是不可避免的。"企业危机发生以后，对危机的处理体现了一个企业的管理能力和领导者的情商水平。

开饭馆的人，总担心消费者说自己的菜难吃。然而，有这样一个小店，却拥有一个"很难吃"的名字，但是这家店的生意却非常火，这是为什么呢？

"很难吃"餐馆的老板，是一个名叫张超的下岗工人。刚下岗时，凭借小时候祖父教他做的一种名为鸡柳的小吃，开设了一家"好美味"小吃店。

不过，因为名气不够响亮，同时这家店的档次以中低端为主，再加上周围的大型饭店很多，因此他的经营很惨淡。有一次，一位顾客刚刚将鸡柳吃到口中，就开口大骂道："这算什么好美味呀，纯粹是'很难吃'。"

更令人难堪的是，第二天，有人竟用毛笔在他的店门旁写下了“很难吃”三个大字，这明显是想把张超的小店往死里挤兑，让他趁早关门。

看着这几个大字，张超气得一句话也说不出来，眼泪险些落下。本来，他想将这三个字擦洗掉，可是他灵机一动，心想：“莫不如我干脆就将店名改成这三个字，说不定还能起到意想不到的效果呢！反正现在小吃店的生意也不好，早晚要关门大吉，就当是赌一次吧！”

令张超大感意外的是，自从店名改作了“很难吃”之后，顾客竟然一天天多了起来。他跟那些顾客一问，原来那些顾客真的是冲着这个奇怪的店名来的，因为他们都想知道“很难吃”到底是何种滋味，到底难不难吃。吃过之后，顾客们都对张超的鸡柳大加赞赏，“很难吃”小吃店也渐渐有了名气，每天的中午和晚上，店门口都会排起长长的队伍，张超每天都能赚得盆满钵满。

老子在《道德经》中说：“祸兮福之所倚，福兮祸之所伏。”祸福本来就存在于一念之间，差别只在于一双“慧眼”。从古至今，那些有所成就的大人物，都是经历了许多坎坷的，也正是这些坎坷成就了他们。正如司马迁在《太史公自序》中所说：“昔西伯拘羑里，演《周易》；孔子厄陈蔡，作《春秋》；屈原放逐，著《离骚》；左丘失明，厥有《国语》；孙子膑脚，而论兵法；不韦迁蜀，世传《吕览》；韩非囚秦，《说难》、《孤愤》、《诗》三百篇，大抵贤圣发愤之所为作也。”

祸事的确让人难以接受，但它却可能隐含着更大的成功因素。处于困境之中时，垂头丧气显然于事无补，我们要做的，除了坦然面对之外，还要用自己的能力去征服祸事，让不幸变为幸福。

拿破仑曾说：“人与人之间只有很小的差异，但是这种差异却可以造成巨大的差异。很小的差异即积极的心态还是消极的心态，巨大的差异就是成功和失败。”作为一名高情商的企业领导者，不但要有一个积极的心态，还要在危机中寻找商机，化“危”为“机”。

6.
建立有效的危机处理机制

问题发生了，有些企业能迅速地处理，结果因为及时处理，没有让企业造成什么大的损失。但有些企业问题发生了，却不能做到及时处理，结果错过了最佳处理的时机，让企业遭受到巨大损失，甚至是灭顶之灾。为什么有的企业总是能迅速地处理问题，有的却不能呢？其实，主要原因在于它们是否建立有效的处理问题的机制。

因此，要想从容面对危机，要想承受住危机的考验，企业一定要建立完善的危机应对机制。只有这样，才能把危机降低到最小限度。对企业来说，最理想的状态是危机发生后，企业的危机管理机制能够及时地发挥作用。

美国纽约州约翰逊药品公司因成功处理泰诺胶囊中毒事件而赢得了公众和舆论的广泛同情，在危机管理历史上被传为佳话。

1982 年 9 月 30 日这天，对很多人来说，是普通得不能再普通的日子。但是对约翰逊药品公司来说却是一个灾难的开始。就在这一天，犯罪分子在美国纽约州约翰逊药品公司的泰利诺胶囊里放进氰化物，以至于一夜之间，在芝加哥地区就有 7 人中毒而死。

这次死亡事件造成了人们对药品的恐慌，而且还不是局部影响，它还直接影响到了约翰逊药品公司的药品在美国各地的销售。如果不好好处理这件事的话，苦心经营了 40 年的约翰逊公司很可能会因这次危机而关门大吉。

那么约翰逊公司是怎么做的呢？他们在得知芝加哥地区发生药物中毒事件后，马上追回了 31 个州的全部药品，并立即销毁；发出了 45 万封电报请各医疗单位提高警惕；设立了专用电话线，并通知新闻单位，请世界健康组织向各地药品供应商通知，以保护泰利诺的海外市场。从9月30日事件发生，到10月上旬，胶囊生产全部停止，几天之内约翰逊公司损失就高达10万美元。

11月初，凶手落网了。政府也证明约翰逊药品公司的药品质量是没有问题的。但是约翰逊药品公司仍然小心翼翼地处理与此相关的事情。

11月中旬的时候，公司开始将产品投放市场，他们不回避各方的责难，总裁亲自出面举办了一个面对三十多个城市、五百多名记者的会议，诚恳的解释和道歉赢得了民众的理解。然后，公司通过报纸发了大约800万张面值25美元的折扣优惠券。

对于约翰逊药品公司的此次危机处理事件，哈佛大学商学院的市场学教授格瑟表示："这是市场学里看到最成功的危机处理案例。"约翰逊药品公司的危机处理是成功的，体现了该公司领导高层的高超的全局掌控力，但令人遗憾的是，有很多企业因为没有处理好危机，直接走向破产。

图书在版编目（CIP）数据

学点用得上的管理常识 / 杨硕著 .—北京：中国华侨出版社，2016.9

ISBN 978-7-5113-6286-5

Ⅰ . ①学…　Ⅱ . ①杨…　Ⅲ . ①管理学 - 通俗读物　Ⅳ . ① C93-49

中国版本图书馆 CIP 数据核字（2016）第 208644 号

学点用得上的管理常识

著　　者 / 杨　硕
责任编辑 / 文　蕾
责任校对 / 王京燕
经　　销 / 新华书店
开　　本 / 670 毫米 ×960 毫米　1/16　印张 /18　字数 /277 千字
印　　刷 / 北京建泰印刷有限公司
版　　次 / 2016 年 10 月第 1 版　2016 年 10 月第 1 次印刷
书　　号 / ISBN 978-7-5113-6286-5
定　　价 / 35.00 元

中国华侨出版社　北京市朝阳区静安里 26 号通成达大厦 3 层　邮编：100028
法律顾问：陈鹰律师事务所
编辑部：（010）64443056　　64443979
发行部：（010）64443051　　传真：（010）64439708
网　址：www.oveaschin.com
E-mail：oveaschin@sina.com